2., durchgesehene und erweiterte Ausgabe

Sophie Christine und Carl Heinrich Laeisz

Eine biographische Annäherung an die Zeiten und Themen ihres Lebens

von Johannes Gerhardt

Hamburgische Wissenschaftliche Stiftung
gegründet 1907

Mäzene für Wissenschaft

hg. von Ekkehard Nümann

Gefördert von der Reederei F. Laeisz

Neuausgabe anlässlich des 200-jährigen Jubiläums der Reederei F. Laeisz

Den Familien gewidmet, die durch ihre hochherzigen Stiftungen vor 117 Jahren die Gründung der *Hamburgischen Wissenschaftlichen Stiftung* ermöglicht und den Grundstein dafür gelegt haben, dass die Stiftung auch heute noch Forschung, Lehre und Bildung fördern kann.

Inhalt

Vorwort des Herausgebers

Im Jahr 2007 feierte die Hamburgische Wissenschaftliche Stiftung ihr 100-jähriges Jubiläum. Der vorliegende zweite Band ist Teil der zu diesem Anlass ins Leben gerufenen Schriftenreihe „Mäzene für Wissenschaft“. In ihr wird die Geschichte der Stiftung dargestellt; außerdem werden Stifterpersönlichkeiten und Kuratoriumsmitglieder in Einzelbänden gewürdigt.

Die Absicht, diese Reihe ins Leben zu rufen, entspricht dem dankbaren Gefühl den Personen gegenüber, die vor mehr als 100 Jahren den Mut hatten, die Stiftung zur Förderung der Wissenschaften in Hamburg zu gründen und erreichten, dass Hamburg eine Universität erhielt. Verknüpft damit ist die Hoffnung und Erwartung, dass nachfolgende Generationen sich hieran ein Beispiel nehmen mögen.

Ekkehard Nümann

GRUSSWORT NIKOLAUS W. SCHÜES

Von der Gründung der offenen Handelsgesellschaft F. Laeisz im Jahr 1824 bis zum Beginn des 20. Jahrhunderts führten drei Generationen die Geschicke der Firma mit großem Erfolg: Ferdinand Laeisz (1801–1887), Carl Laeisz (1828–1901) und Carl Ferdinand Laeisz (1853–1900). Wie so oft in der Geschichte Hamburger Unternehmen ist es der Sohn des Gründers gewesen, der dieses groß gemacht hat. Carl Laeisz ist eine der prägenden Figuren der Hamburger Schifffahrtsgeschichte des 19. Jahrhunderts. Unter seiner Führung avancierte F. Laeisz zur größten Privatreederei der Hansestadt. Berühmt wurde sie durch die Flying-P-Liner, die im Salpeterimport aus Chile zum Einsatz kamen und die letzte Ära der großen Frachtsegler markieren. Aber damit nicht genug: Carl Laeisz war seit 1892 Mitglied des Aufsichtsrates der HAPAG und dort die dominierende Persönlichkeit. Es zeugt von großer Weitsicht, dass er den damals weithin unbekannten Albert Ballin entdeckte und für deren Vorstand gewinnen konnte.

Doch nicht nur im Bereich der Wirtschaft hinterließ Carl Laeisz Spuren, die bis heute sichtbar sind. Wie seine Frau Sophie fühlte er sich auch dem Gemeinwohl verpflichtet. Das Ehepaar engagierte sich für soziale, kulturelle und wissenschaftliche Belange. Im gemeinschaftlichen Testament verfügte es, dass die Firma F. Laeisz 1,2 Millionen Mark „zur Erbauung einer Musikhalle in Hamburg" spenden sollte – nach Carls Tod stockte Sophie diesen Betrag dann auf 2 Millionen Mark auf. Bis heute zählt die 1908 eröffnete Laeiszhalle, wie sie seit 2005 wieder heißt, zu den schönsten Konzerthäusern. Die 1901 gegründete Sophie-Laeisz-Stiftung führte beinahe 75 Jahre lang das von Ferdinand Laeisz errichtete Wohnstift für „durch unverschuldetes Unglück in Bedrängnis geratene Personen" in der Laeiszstraße auf St. Pauli fort und unterhielt diese Einrichtung. Und als 1907 die Hamburgische Wissenschaftliche Stiftung ins Leben trat, gehörte Sophie Laeisz zu ihren großzügigsten Förderern.

Das Lebensbild von Carl und Sophie Laeisz wurde 2007 anlässlich des 100-jährigen Bestehens der Hamburgischen Wissenschaftlichen Stiftung als Auftaktband der Reihe „Mäzene für Wissenschaft" veröffentlicht, in der inzwischen 28 Biographien erschienen sind. Ich freue mich sehr darüber, dass im Jahr des 200-jährigen Gründungsjubiläums von F. Laeisz eine überarbeitete Neuausgabe der Publikation publiziert wird.

Nikolaus W. Schües

Carl Laeisz, gezeichnet von Christian Wilhelm Allers (1891)

[1]

Die frühen Jahre

Am 24. März 1824 kehrte auf dringenden Wunsch seiner Mutter der 23-jährige Ferdinand Laeisz aus Berlin, wo er zwei Jahre als Buchbindergeselle gearbeitet hatte, nach Hamburg zurück, um den „kleinen Handel mit holländischen Waaren" an den Kurzen Mühren 105 zu übernehmen. Dieser Tag gilt heute als das Gründungsdatum der Firma F. Laeisz.[1] Weil das Geschäft schlecht ging, wandte sich der junge Mann schon bald einer Tätigkeit zu, mit der er zufällig in Kontakt gekommen war: dem Anfertigen farbiger Zylinderhüte, die damals modern wurden. Er war damit so erfolgreich, dass es schnell zu Querelen mit den ansässigen Hutmachern kam. Diesen ging er auf zweierlei Weise aus dem Weg: Zum einen legte er am 26. Mai 1826 sein Meisterstück als Hutmachermeister vor und wurde Hamburger Bürger; zum anderen heiratete er wenige Tage später, am 4. Juni, die 20-jährige Tochter eines Ältermannes des Hutmacheramtes, Johanna Ulrike Catharina Creutzburg. Dieser Ehe entstammte als einziges Kind Carl Heinrich Laeisz, der am 27. April 1828 geboren wurde.

Im gleichen Jahr richtete Ferdinand Laeisz seinen Blick nach Südamerika auf die gerade unabhängig gewordenen Staaten, wo er glaubte, mit seinen Hüten Geld verdienen zu können: „Nachdem ich so viel verdient hatte, dass ich mich auf weiter ausschauende Unternehmungen einlassen konnte, machte ich den Versuch, ein eigenes Geschäft über See aufzusetzen, indem ich (…) daselbst [im brasilianischen Bahia, JG] eine Faktorei etablirte, welche theils selbst Hüte anfertigte, theils die von mir hinausgesandten nebst etlichen Nebenartikeln verkaufte. Trotz mancher Missgriffe (…) war der Erfolg ein ausserordentlich günstiger".[2]

Bereits 1829 zog Laeisz in Caracas ein ähnliches Unternehmen auf, das jedoch erfolglos blieb, da der Geschäftsführer „unser ganzes Geld verspielte und sich das Leben nahm".[3] Wesentlich erfolgreicher waren hingegen die Niederlassungen in Santiago de Chile (1830) und Lima (1832). In den folgenden Jahren verlor die Hutfabrikation zugunsten des Außenhandels immer mehr an Bedeutung, was daran lag, dass die Geschäftspartner über See oftmals statt entsprechender Geldsendungen günstig erworbene Rohprodukte nach Hamburg schickten.[4] 1839 ließ Ferdinand Laeisz mit der nach seinem Sohn benannten Brigg „Carl" das erste Schiff auf eigene Rechnung bauen. Dieses Experiment war jedoch nicht besonders erfolgreich, so dass das Schiff 1847 wieder verkauft werden musste.

Über die frühen Jahre von Carl Laeisz liegen uns keine Quellen vor, so dass seine Kindheit und Jugend weitgehend im Dunkeln bleiben. Wir wissen nur, dass er zur Zeit des Vormärzes, anders als sein handwerklich ausgebildeter Vater, eine kaufmännische Lehre im Bremer Handelshaus E. C. Schramm & Co. absolvierte. Anschließend unternahm er Reisen durch England, Frankreich und Amerika, wo er weitere Erfahrungen in kaufmännischen und speziell im Schifffahrtsbereich sammelte. Am 1. März 1852 trat Carl Laeisz als Teilhaber in die väterliche Firma ein. Sein Vater betont an verschiedenen Stellen seiner „Erinnerungen", dass erst nachdem Carl ins Geschäft gekommen, in dessen Organisation gründliche Besserung eingetreten sei, da dieser „vermöge seiner kaufmännischen Befähigung einen rationelleren Betrieb herstellte".[5] Das bezog sich vor allem auf den Handel mit Gegenerlös-Importwaren, insbesondere Zucker und Baumwolle, den Carl Laeisz neu organisierte.[6] Die Firma F. Laeisz nahm fortan einen sich von Jahr zu Jahr beschleunigenden Aufschwung.

Nachdem er seine wirtschaftliche Situation gesichert sah, heiratete Carl am 10. November 1852 Sophie Christine Knöhr (geb. am 30. Juni 1831), die fünfte Tochter des angesehenen Schiffsmaklers Christian Ludwig Knöhr, welcher 1814 die Firma Knöhr & Burchard mitbegründet hatte.[7] Die Braut war in der Familie wohlgelitten: „Carl führte uns nicht nur eine vortreffliche Schwiegertochter, sondern auch einen grossen Fami-

Ferdinand Laeisz (1867)

Modell der Brigg „Carl"

lienkreis von ehrenwerthen und liebenswürdigen Leuten zu, mit welchen wir allezeit in intimer Verbindung geblieben sind".[8]

DAS einzige Kind, das dieser Ehe entspross, Carl Ferdinand, wurde am 10. August 1853 geboren. Ferdinand Laeisz scheint sich in den folgenden Jahren viel um seinen Enkel gekümmert zu haben. Beide unternahmen ausgedehnte Ausflüge in die Umgebung Hamburgs, während sich Carl daheim um die Geschäfte kümmerte.[9]

VIER Jahre nach Eintritt in die Firma, also 1856, nahm Carl Laeisz mit dem Erwerb des Schoners „Sophie & Friedericke" den 1847 abgebrochenen Versuch wieder auf, eigene Schiffe laufen zu lassen, um neben dem Handel auch den Transport für die eigenen Zwecke nutzen zu können. Vor allem die Staaten Südamerikas und Australien boten sich zum Aufbau neuer Schifffahrtsverbindungen an. Die Laeisz nutzten die sich bietende Chance und hatten so großen Erfolg, dass sie sich schon 1857 zum Neubau eines zusätzlichen Schiffes entschlossen. Das Schiff erhielt den Kosenamen von Carls Frau, die wegen ihrer krausen Haare „Pudel" genannt wurde. Mit ihm war der endgültige Weg in die Schifffahrt beschritten. In der Folgezeit wurde die Zahl der Schiffe, teils durch Ankäufe, teils durch Neubauten,

Carl und Sophie Laeisz (1869)

Bark „Pudel" im Trockendock von Stülcken 1858, von L. Petersen und P. C. Holm (1859)

stetig vermehrt: 1866 zehn Segelschiffe mit 3.716 Nettoregistertonnen, 1870 – nachdem F. Laeisz die ganze, aus sechs Schiffen bestehende Flotte der Firma Julius Theodor Bahr erworben hatte – bereits 16 Segelschiffe mit 6.154 Nettoregistertonnen (1869 war mit der Bark „Professor" das erste eiserne Schiff erworben worden). Die Firma F. Laeisz stand damit, was die Schiffszahl anging, an fünfter Stelle unter den Hamburger Segelschiffreedereien.[10] Laeisz' Schiffe zogen um das Kap der guten Hoffnung nach Jakarta, Singapur und Hongkong, betrieben dort Küstenfahrt, holten Zucker und Walöl von Honolulu, Kaffee von Costa Rica, Kupfer- und Silbererz von Mexiko und Chile sowie Guano von Peru.

Im Spätsommer 1857 brach, von Ohio und New York ausgehend, eine schwere Wirtschaftskrise aus, die in kurzer Zeit das internationale Kreditwesen mit der Folge weltweit spürbarer Rezession erfasste. Weltweit hatte die Krise ihre Ursache in überhitzten Spekulationen. In Deutschland handelte es sich dabei zumeist um Eisenbahn- und Bankaktien, in Hamburg kamen Spekulationen mit Kaffee hinzu. Hamburger Banken hatten während des Krimkrieges (1854–1856) hohe Kredite nach Skandinavien vergeben, auch nach dessen Ende floss weiteres Geld nach Schweden und vagabundierte dort als hochgradig spekulatives Kapital in den Bereichen Fabriken, Berg- und Schiff-

Das Größenwachstum der Laeisz-Segler von der Bark „Pudel" über die Bark „Professor" bis zur Viermastbark „Passat"

bau. Als diese Spekulationsblase platzte, wurde Hamburg in besonders hohem Maße mit betroffen.

FÜHRENDE Handelshäuser und Banken der Hansestadt ergriffen nunmehr Initiativen kaufmännischer Selbsthilfe. So wurde am 21. November 1857 ein Garantie-Disconto-Verein gegründet, für den 12 Millionen Bancomark gezeichnet wurden.[11] Seine Aufgabe sollte es sein, solide Wechsel zu girieren.[12] Die positive Wirkung dieses Vereins auf die Hamburger Wirtschaft ist in verschiedenen Darstellungen zu hoch bewertet worden.[13] Denn die krisenhafte Situation spitzte sich weiter zu; in Hamburg lagen viele Schiffe unausgeladen im Hafen, und erst im Dezember besserte sich die Lage nachhaltig, als es zur staatlichen Intervention kam: Die österreichische Regierung erklärte sich bereit, Silber im Wert von 10 Millionen Mark Banco zur Verfügung zu stellen, das durch Hamburger Mittel zu einem Fonds von 15 Millionen aufgestockt wurde. Dennoch hatte auch der Garantie-Disconto-Verein eine gewisse Bedeutung für die Überwindung der Krise, weil er gefährdete aber kreditwürdige Firmen stützte.

Es ist vor allem der Besonnenheit Carl Laeisz' zu verdanken, die auch in den Erinnerungen seines Vaters Ferdinand ausdrücklich gewürdigt wird, dass die Firma F. Laeisz die Weltwirtschaftskrise von 1857 überstand.[14]

„ALS in der großen Handelskrisis von 1857 von allen Seiten Hiobsposten (…) eintrafen, verlor der Seniorchef, der mehr praktisch als kaufmännisch angelegt war, den Kopf und meinte allen Ernstes, die Firma müsse ihre Zahlungsunfähigkeit anmelden."[15]

DARUM wissend, dass diese nicht so schlecht dastand, wie der Vater befürchtete, brachte ihn Carl von dieser Idee ab und forderte darüber hinaus eine Beteiligung an dem oben erwähnten Garantie-Disconto-Verein, die er auch durchsetzte.

1 *Hamburgischer Correspondent Nr. 141 (24. März 1899); Demirel, Mann, S. 35.*

2 *Laeisz, Erinnerungen, S. 32 – 1827 hatte Karl Sieveking in Brasilien die zollpolitische Gleichstellung Hamburgs und Bremens mit England erreicht und damit die Tür zum Überseehandel aufgestoßen.*

3 *Laeisz, Erinnerungen, S. 32.*

4 *Ahrens; Hauschild-Thiessen, Reeder, S. 14.*

5 *Laeisz, Erinnerungen, S. 34; vgl auch S. 39, 47.*

6 *Prager, Reederei, S. 16; Hamburgischer Correspondent Nr. 138 (22. März 1901). – Von Gegenerlöswaren wird gesprochen, wenn – wie auch im bekannten Dreieckshandel zwischen England, Afrika und Nordamerika im 18. Jahrhundert – bestimmte Waren nicht mit Geld, sondern mit anderen Waren beglichen werden.*

7 *Zu der Firma vgl. Mathies, Reederei, S. 162f.*

8 *Laeisz, Erinnerungen, S. 47.*

9 *Wiborg, Hamburg, S. 92.*

10 *Von 1884 bis 1886 und erneut seit der Jahrhundertwende nahm sie dann hinsichtlich der Tonnage den ersten Platz in Hamburg ein: 1901, im Todesjahr Carl Laeisz', waren es 15 Segelschiffe mit 26.984 Nettoregistertonnen. 1913 wurde schließlich der Höchststand erreicht: 18 Tiefwassersegler mit 43.800 Nettoregistertonnen (errechnet aus den Angaben bei Prager, Reederei, S. 201ff.; Mathies, Reederei, S. 160). Damit war das Unternehmen die größte Privatreederei überhaupt in Hamburg geworden (Ahrens, Laeisz, S. 398).*

11 *Die Mark Banco war bis 1873 die Rechnungsvaluta des Hamburger Großhandels, die Zahlungseinheit der 1619 gegründeten Hamburger Bank – eine Währung, die eine sichere Grundlage bot und nicht der Abnutzung unterlag. Sie lief nicht als Münze um, war aber durch Silberbarren gedeckt. Gezahlt wurde, zum ersten Mal in der Geschichte des deutschen Bankwesens, mit „Gutschriften", die unseren heutigen Girochecks entsprechen. Das allgemeine Zahlungsmittel war bis 1867 die Mark Courant, ab 1871 die Mark (1871: 1 Mark Courant = 1,2 Mark und 1 Mark Banco = 1,5 Mark).*

12 *Ders., Schriftwechsel, S. 9.*

13 *So z. B. Brennecke, Windjammer, S. 278; Prager, Reederei, S. 22; Rohrbach; Piening; Schmidt, Geschichte, S. 47. Vgl. dagegen Ahrens, Schriftwechsel, S. 10; ders., Staat, S. 26f.*

14 *Laeisz, Erinnerungen, S. 64.*

15 *Hamburgischer Correspondent Nr. 138 (22. März 1901).*

[2]

Die Person Carl Laeisz

Welches Bild zeichnen nun die vorhandenen Quellen von der Person Carl Laeisz?

Schilderungen zeigen ihn als etablierten hanseatischen Kaufmann, eine „kräftige, fest auf den Füßen stehende Gestalt, den mächtigen Kopf mit der tiefen Gesichtstönung, von weißem Haar und Backenbart patriarchalisch umrahmt",[16] ganz so, wie er auf den überlieferten Bildern zu sehen ist. Das in verschiedenen Beschreibungen auftauchende „gerötete Gesicht" mag auch der ebenfalls erwähnten Vorliebe für Cognac zuzuschreiben sein.[17]

In der Darstellung seiner Persönlichkeit finden sich viele – auch geschlechtsspezifische – Stereotype, die z. B. in einem Artikel der

Carl Laeisz

„Hamburger Nachrichten“ von 1937 aufscheinen: Dort wird über ihn gesagt, er habe von väterlicher Seite „den hervorragenden Unternehmungsgeist, Mut, rasche Auffassungsgabe und ein vorzügliches Organisationstalent“ geerbt, während er von der Mutter „das Freundlich-Gütige mitbekommen“ habe.[18] Auch in anderen Darstellungen wurden solche Charakterzüge auf Carl Laeisz projiziert, mit denen sich viele Hamburger zu identifizieren wünschten. Dies geht so weit, dass er zur „typischsten Hamburger Persönlichkeit“, zur „lebende(n) Hamburgensie schlechthin“ stilisiert wurde.[19] Im „Hamburgischen Correspondenten“ ist folgende Charakterisierung zu lesen:

„Die kräftige Gestalt mit dem energischen Kopfe und den lebhaften Augen (…), die rasche, energische Sprache (…) und ein kaustischer Humor, dem das rechte Schlagwort im gegebenen Augenblick immer zu Gebot stand, zeigten ihn als eine volle und ganze Persönlichkeit, die mit echt hamburgischer Derbheit und rücksichtslosem Dreinfahren ihre Kraft kundzugeben pflegte. (…) Unter seiner rauen Weise schlug ein warmes Herz und nicht selten setzte er seiner eigenen Weichmüthigkeit ein polterndes Wort als Damm entgegen.“[20]

Dieses „polternde Wort“ äußerte er meist auf Platt, das er zu Hause, im Kontor und auf seinen Schiffen fast durchgängig verwendete. Wesentliches Charaktermerkmal scheint eine gewisse Grobheit gewesen zu sein, die sich in einer scharf erscheinenden Ausdrucksweise äußerte:

„Als er einmal an der Börse in ein Gespräch vertieft war, machte man ihn darauf aufmerksam, daß in der Nähe ein Bankdirektor darauf wartete, mit ihm sprechen zu können. Carl knurrte nur: ‚Das ist ein Streber, der Esel kann warten!‘“[21]

Dass Carl Laeisz „ohne viel Umschweife (…) auf an ihn gerichtete Fragen geschäftlichen Inhaltes stets mit knappen Worten den Nagel auf den Kopf zu treffen (wusste)“,[22] wie die „Hamburgische Börsen-Halle“ zu berichten weiß, belegt sein bekanntester Ausspruch: In einer Aufsichtsratssitzung der HAPAG im Jahre 1894 befürwortete sein Ziehsohn Albert Ballin die Zahlung einer Dividende, wogegen sich Laeisz, der die Mittel für die Konsolidierung des Unternehmens zu verwenden wünschte, mit folgenden Worten wandte: „Zweck der Gesellschaft ist Betrieb der Rhederei, aber nicht die Zahlung von Dividenden“.[23]

Hinter den Anekdoten und Schilderungen seiner Persönlichkeit lässt sich ein arbeitsamer, sorgsam kalkulierender, entscheidungsfreudiger und durchsetzungsfähiger Geschäftsmann erkennen. Wenn die Gelegenheit es erforderte, vertrat er seine Interessen nachdrücklich. Albert Ballin telegraphierte er einmal – es ging dabei um eine Auseinandersetzung zwischen dem Norddeutschen Lloyd aus Bremen und der HAPAG:

„Menschen, die gleich nachgeben, heißen Kreaturen, und Kreaturen werden verachtet. Nicht nur nach meiner Ansicht, auch aus gewichtigen Gründen empfehle ich, Hamburger Standpunkt zu verteidigen.“[24]

Dennoch ließ Carl Laeisz’ derber Humor ihn zu einer durchaus volkstümlichen Erscheinung werden. Für einige Bestandteile der bourgeoisen Lebensführung hatte er

Reproduziertes Bild von Carl Laeisz, nach einem verschollenen Ölbild von Hermann de Bruycker (1894), hergestellt im Auftrage Albert Ballins

Carl Laeisz und Albert Ballin an Bord der „Potosi" (um 1900)

nur wenig Sinn. Die linksliberalen Blätter „Neue Hamburger Zeitung" und „General-Anzeiger für Hamburg-Altona" berichten übereinstimmend, Laeisz habe erst in seinen letzten Lebensjahren einen Überzieher getragen, und dies nur auf dringendes ärztliches Verlangen hin. Ebenso habe er den Gebrauch von Handschuhen verschmäht. Als ihn im Juni 1899 sein Sohn Carl Ferdinand anlässlich einer besonders feierlichen Gelegenheit – Wilhelm II. beabsichtigte, bei der Elbregatta des Norddeutschen Regatta-Vereins die Laeiszsche Fünfmastbark „Potosi" zu besichtigen – darum bat, solche anzuziehen, sagte er: „Ach wat, ick steek de Hann in Theer!"[25]

16 *Neue Hamburger Zeitung Nr. 138 (22. März 1901).*
17 *Brennecke, Windjammer, S. 278; Wiborg, Hamburg, S. 91.*
18 *Hamburger Nachrichten Nr. 329 (28. November 1937).*
19 *Prager, Reederei, S. 33; Neue Hamburger Zeitung Nr. 138 (22. März 1901).*
20 *Hamburgischer Correspondent Nr. 138 (22. März 1901).*
21 *Zitiert nach Rohrbach; Piening; Schmidt, Geschichte, S. 77.*
22 *Hamburgische Börsen-Halle Nr. 138 (22. März 1901).*
23 *Witthöft, Charaktere, S. 243 – Carl Laeisz sorgte 1888 als Direktor dafür, dass Albert Ballin, Leiter der Passageabteilung, in das Direktorium berufen wurde (vgl. Cecil, Ballin, S. 36).*
24 *Wiborg, Hamburg, S. 92.*
25 *Neue Hamburger Zeitung Nr. 138 (22. März 1901); General-Anzeiger für Hamburg-Altona Nr. 70 (23. März 1901).*

[3]

Segelschiffe und Salpeter

Carl Laeisz hatte einen besonderen Blick für die unterschiedlichen Chancen von Dampf- und Segelschiffen in der Welthandelsschifffahrt. Während erstere im Passagier- und Frachtverkehr wegen ihrer höheren Geschwindigkeit eindeutig überlegen waren, waren letztere im Massengutverkehr weiterhin konkurrenzlos billig. So lange er lebte, hielt Carl Laeisz in seiner eigenen Reederei ausschließlich am Einsatz von Segelschiffen fest; dennoch beteiligte er sich mit seiner Firma auch an einer Vielzahl von Dampfschifffahrtsgesellschaften.

Massengut par excellence war in der zweiten Hälfte des 19. Jahrhunderts Salpeter. In der Folge von Justus von Liebigs Entdeckung, dass anorganische Salze Pflanzenwuchs verbesserten und damit zu einer Steigerung der landwirtschaftlichen Produktion führten, entwickelte sich ein regelrechter Salpeterboom. Die einzige Fundstätte größeren Ausmaßes lag in der Atacama-Wüste an der Westküste Südamerikas.[26] Dass der Einsatz von Segelschiffen in der Salpeterroute um Kap Hoorn besonders gewinnträchtig werden könnte, wurde bei der Firma F. Laeisz früh erkannt. Der kontinuierliche Aufstieg der Reederei bis zum Ersten Weltkrieg ist ohne die Erfolge in der Salpeterfahrt gar nicht zu erklären.

1862 lief zum ersten Male ein Laeisz-Segler den chilenischen Hafen von Valparaiso an. In den nächsten 16 Jahren wurden die Schiffe in freier Fahrt beschäftigt, d. h. mit der Beförderung von Waren nach Gelegenheit und Bedarf. Danach wurde eine regelmäßige Laeisz-Linie mit Seglern nach Chile eingerichtet, bei der die Schiffe einmal im Monat von Hamburg und alle zwei Monate von Antwerpen ausliefen. Das Reedereigeschäft der Firma konzentrierte sich in der Folgezeit besonders auf diese Fahrten, so dass 1886 bereits 14 Laeisz-Segelschiffe mit Salpeter auf diesen Routen verkehrten.[27]

Nach 1883 entwickelte sich die Salpeterfahrt besonders günstig.[28] In diesem Jahr war der so genannte Salpeterkrieg zwischen Chile sowie Peru und Bolivien zu Ende gegangen, der sich für den Salpeterhandel als besonders abträglich erwiesen hatte. Bis ins späte 19. Jahrhundert gehörte die Atacama-Wüste noch nicht zu Chile. Peru und Bolivien teilten sich das riesige Gebiet, die Chilenen waren lediglich durch eine Gesellschaft in Antofagasta am Salpetergeschäft beteiligt. Als die bolivianische Regierung 1879 dieses Unternehmen zunächst hoch besteuern und dann enteignen wollte, besetzten chilenische Truppen die Stadt. Nach vier Jahren Krieg, der sich hieran anschloss, waren Peru und Bolivien 1883/84 geschla-

Hamburger Hafen, von Cornelius Wagner (vor 1914), im Zentrum des Gemäldes steht die „Potosi", eingerahmt von zwei Dampfern – eine Konstellation, die den Kontrast zwischen alter und neuer Zeit symbolisiert

gen. Von da an besaß Chile das Salpetermonopol und hatte sein Territorium um die Provinzen Antofagasta und Tarapaca erweitert. Die Erinnerung an diese Auseinandersetzung spielt im politischen Diskurs dieser Länder bis heute eine Rolle.

In den Jahren nach der Reichsgründung 1871 machte sich in Deutschland die immer stärker voranschreitende Industrialisierung auch im Schiffsbau bemerkbar. Holz als wichtigster Werkstoff wurde durch Eisen, wenig später durch Stahl ersetzt. Auch die Firma F. Laeisz modernisierte ihren Schiffsbestand, indem sie zunehmend stählerne Segler einsetzte: 1887, im Todesjahr Ferdinand Laeisz', begann sein Sohn mit einem umfassenden Umbau der Laeisz-Flotte. Fünf Jahre später liefen die Viermastbark „Placilla" und ihr Schwesterschiff „Pisagua" vom Stapel. Damit war ein neuer Schiffstyp geschaffen, der Vorbild für das Aussehen aller künftigen Laeisz-Segler werden sollte: Nicht nur Back und Poop waren, wie bei den früheren Schiffen, erhöht, sondern zusätzlich befand sich in der Schiffsmitte ein so genanntes Hochdeck, das als Kommandobrücke fungierte.[29]

Mit diesen Schiffen stieg die Reederei endgültig zur berühmten „Flying P-Linie" auf,[30] die bis heute den Inbegriff der Kap Hoorn-Segelfahrt bildet. Die Fünfmastbark „Potosi" (1895) und die erst nach Carl Laeisz' Tod fertiggestellte „Preußen" (1902) – das größte reine Segelschiff aller Zeiten, es war in der

Lage, 8.000 Tonnen Salpeter aufzunehmen – bildeten schließlich den unumstrittenen Höhe- aber auch den Endpunkt in der Entwicklung von Segelschiffbau und Segelfrachtfahrt.[31]

ZUM Renommee, gleichzeitig aber auch zum wirtschaftlichen Erfolg, trug bei, dass die Firma F. Laeisz nie an der Ausrüstung ihrer Schiffe sparte und in ihren Materialstärken stets über das allgemein für notwendig Erachtete hinausging.[32] In den „Instruktionen", die Carl Laeisz für seine Schiffsführer zusammenstellte, heißt es:

„MEINE Schiffe können und sollen schnelle Reisen machen; daraus folgt, daß auch alles, was hierzu an Bord notwendig ist, als Riggen, Segel, Tauwerk etc. vollständig und im allerbesten Zustand sein muß".[33]

DIE hervorragende Rolle der Firma im Salpeterhandel zeigte sich auch darin, dass Laeisz sich nicht nur darauf beschränkte, den Seetransport zu perfektionieren, sondern auch Infrastrukturmaßnahmen in Chile durchführen ließ. Die simplen Ankerplätze der Salpeterküste waren nicht in der Lage, das zügige Ent- und Beladen der großen Laeisz-Schiffe zu gewährleisten. Laeisz begann deshalb, den Warenumschlag besser zu organisieren. In den wichtigsten Häfen konnte nun mit dem entsprechenden Gerät und über Bahnlinien, die teilweise heute noch existieren, effektiver gearbeitet werden. Durch Ausnutzung aller Rationalisierungsmöglichkeiten – auch bei der Abfertigung der Schiffe durch Arbeiter – wurden teure Liegezeiten verkürzt.

Valparaiso

„Placilla", von Johannes Holst – die Darstellung des stürmischen Himmels mit der bewegten See ist charakteristisch für die Arbeiten dieses Malers

DIE schwierige Situation der zahlreichen Wanderarbeiter und Indios, die in den über 100 Salpeterminen der Atacama-Wüste katastrophale Arbeitsbedingungen vorfanden, änderte sich allerdings bis zum Ersten Weltkrieg kaum. Knochenarbeit, das Einatmen von giftigem Salpeterstaub und extreme Temperaturschwankungen in der Wüste – tags bis zu 40° C, nachts bis zu –20° C – schlugen sich auf die Gesundheit nieder.[34] In der Lohntüte gab es kein Bargeld, sondern nur Gutscheine, die in den überteuerten Lebensmittelgeschäften der Minengesellschaften einzulösen waren.

F. LAEISZ beteiligte sich nie an der Gründung oder dem Betrieb einer Salpetermine. Die Gründe hierfür dürften einerseits sozialer, andererseits ökonomischer Natur gewesen sein: Ferdinand Laeisz, ein alter 1848er Demokrat, hatte ein waches Auge für solche Missstände und unterstützte – gerade in seinen Altersjahren – den Bau von Volksküchen, Volksbadeanstalten und Arbeiterwohnungen.[35] Außerdem konzentrierte sich die Reederei auf den Transport des Rohstoffs und den Großhandel, denn im Gegensatz zu den meisten anderen Konkurrenten wurde die Salpeterladung auf eigene Rechnung gefahren.[36] Deshalb richtete F. Laeisz den Fokus auf die eben erwähnten Infrastrukturmaßnahmen in chilenischen Salpeterhäfen.

Fünfmastvollschiff „Preußen", von Johannes Holst (1909)

26 Der so genannte Chilesalpeter ist ein grauweißes, leicht lösliches Salz, bestehend aus etwa 95% Natriumnitrat, 2,5% Wasser, Magnesiumverbindungen und Spuren von Jod. Gewonnen wurde der Salpeter aus der „Caliche", dem Sedimentgestein der Atacama-Wüste. Durch Sprengungen wurden die Ablagerungen des salpeterhaltigen Gesteins gelockert, maschinell zerkleinert und zur Weiterbearbeitung in die „Oficina" gefahren, wo der Salpeter mittels Wasser und Dampf aus dem Gestein extrahiert wurde. Bei der Trocknung der Lösung wurde er als Salz ausgeschieden (Klingbeil, Flying-P-Liner, S. 34 f.).

27 Günther, Schlüter, S. 78; Brinckmann, Hüte, S. 55.

28 1884 lag der chilenische Salpeterexport bei 500.000 Tonnen, 1913 bei 2,74 Millionen Tonnen. Allein die Hälfte davon wurde in Hamburg gelöscht. Vgl. ebd., S. 58.

29 Köhler, Schiffe, S. 49.

30 Das „P" erklärt sich folgendermaßen: Nach dem Eintritt von Carl Laeisz in die Firma wurde das erste in Auftrag gegebene Schiff „Pudel" getauft; danach wurde es allmählich zur Tradition, weiteren Laeiszschen Schiffen einen Namen zu geben, der mit „P" begann.

31 Ahrens, Laeisz, S. 400.– In die Reihe dieser großen Frachtsegler gehört auch die „Peking", die 1911 bei Blohm & Voss vom Stapel lief. Nach wechselvoller Geschichte wurde sie 2017 aus New York nach Brunsbüttel überführt und in den folgenden Jahren saniert. Seit 2020 ist sie als Museumsschiff zentraler Teil des Deutschen Hafenmuseums in Hamburg. Vgl. hierzu umfassend Focke; Gerken, Peking.

32 Domizlaff, Buch, S. 33.

33 Zitiert nach Rohrbach; Piening; Schmidt, Geschichte, S. 65.

34 Zu den Lebens- und Arbeitsbedingungen in den chilenischen Salpeterwerken vgl. Chávez, Wüstengold.

35 Demirel, Mann, S. 39 f.

36 Brinckmann, Hüte, S. 56.

Die gewaltige Takelage der „Preußen“

Die Elbmündung bei Feuerschiff Elbe 2 mit der „Potosi", von Alfred Jensen (1906)

Modell der „Potosi"

[4]

Rege Beteiligung am Hamburger Wirtschaftsleben

Obwohl die Firma F. Laeisz in ihrer eigenen Flotte ausschließlich Segelschiffe einsetzte, haben sich die Inhaber stets neueren Entwicklungen gegenüber aufgeschlossen gezeigt und diese gefördert. Der „Hamburgische Correspondent“ vermerkte am 22. März 1901: „Man darf wohl sagen, daß keine größere Dampfschiffahrts-Gesellschaft in Hamburg ohne die Firma F. Laeisz begründet worden ist.“[37]

Eine für die wirtschaftliche Entwicklung Hamburgs besonders wichtige Gründung, die unter Mitwirkung von Ferdinand Laeisz zustande kam, war die der HAPAG im Jahre 1847. Laeisz wurde zusammen mit Adolph Godeffroy und Ernst Merck in das Direktorium gewählt und war dort bis 1858 tätig. Die Direktion hatte zu dieser Zeit die Oberleitung, die eigentliche Geschäftsführung war jedoch nicht ihre Sache. Erst 1884 wurden die bisherigen Bürochefs Direktoren, und die bisherige Direktion übernahm die Aufgaben des Aufsichtsrats. In diesen trat Carl Laeisz 1892 als zweiter Vorsitzender ein.[38]

In den Jahren nach der Reichsgründung hat sich Carl Laeisz, zum Teil gemeinsam mit seinem Vater und seinem Sohn, an zahlreichen Unternehmensgründungen beteiligt. Zu nennen wären u. a. die Transatlantische Dampfschiffahrts-Gesellschaft (Adler-Linie), die Dampfschiffahrts-Gesellschaft Kosmos, die Vereinigte Bugsier- und Frachtschiffahrts-Gesellschaft und die Deutsch-Australische Dampfschiffahrts-Gesellschaft. Besonders engagierten sich Ferdinand und Carl Laeisz in der Hamburgisch-Südamerikanischen Dampfschifffahrts-Gesellschaft, wo jener im Gründungsjahr 1871 einen Sitz im Verwaltungsrat und dieser den Vorsitz übernahm, den er bis zu seinem Tode behielt. In den Jahren 1886 bis 1896 arbeitete er hier gemeinsam mit seinem größten Konkurrenten in der Segelschifffahrt, Martin Garlieb Amsinck.[33] In diesen Jahren beteiligte sich Carl Laeisz außerdem an der Gründung der Deutschen Levante-Linie (1889), wo er auch Mitglied des Aufsichtsrats wurde. Auch mit der Werft Blohm & Voss, bei der er immer wieder Schiffe in Auftrag gab, verband ihn viel. So wurde er nach ihrer Umwandlung in eine Kommanditgesellschaft auf Aktien 1891 deren erster Aufsichtsratsvorsitzender.[39]

Als 1890 auf Anregung der Reichsregierung die staatlich subventionierte Deutsche Ostafrika-Linie gegründet wurde, war Carl Laeisz ebenfalls einer der Firmengründer und wurde auch hier in den Aufsichtsrat gewählt. In dieser Funktion war er auch in der Afrikanischen Dampfschiffahrts-Gesellschaft

Laeiszhof an der Trostbrücke

(Woermann-Linie) tätig.[40] Schon kurz nach Beginn der deutschen Kolonialherrschaft in Afrika (1884) war diese Linie, hauseigene Reederei des Handelshauses Woermann, von letzterem wegen ihres großen Geschäftsvolumens getrennt worden. Die Firma F. Laeisz erwarb daraufhin Anteile an dieser Linie, die noch vor dem Ersten Weltkrieg wieder verkauft wurden.[41] Die Tatsache, dass einer der wesentlichen Exportartikel Schnaps gewesen ist, brachte Adolph Woermann schon von Zeitgenossen aus höchst unterschiedlichen Lagern heftige Kritik ein: einerseits von Seiten der Mission, andererseits von Seiten des sozialdemokratischen Abgeordneten August Bebel, der im Mai 1889 im Reichstag den Einsatz von Branntwein als Mittel geißelte, um Afrikaner in Abhängigkeit zu bringen und sie auszubeuten. Der „königliche Kaufmann" Woermann, ebenfalls Reichstagsabgeordneter, hatte dazu bereits im Februar 1885 folgendes bemerkt:

„Wollen wir aus (...) reiner Liebe zu den Negern, den Schnapshandel nach Afrika verbieten, so würden wir einen wichtigen Zweig des deutschen Exporthandels bedeutend schädigen, (...). Im Übrigen glaube ich nicht, dass den Negern durch den Schnaps ein sehr großer Schaden zugefügt wird. Ich meine, dass es da, wo man Zivilisation schaffen will, hier und da eines scharfen Reizmittels bedarf."

Der Handel mit Schnaps war ein Faktor von großer wirtschaftlicher Bedeutung: 1884 machten Hamburger Schnapsexporte zwei Drittel der gesamten Exporte nach Westafrika aus. Zu dieser Zeit existierten in und um Hamburg mindestens 23 Firmen, die mit der Branntweinherstellung befasst waren und 85 % ihrer Rumproduktion dort absetzten.[42] Die Auswirkungen dieser Art von Kolonialhandel beeinflussten die Lebens- und Konsumgewohnheiten der indigenen Gesellschaften in fataler Weise (in diesem Zusammenhang ist vor allem auf die Entstehung von Alkoholismus in großem Umfang zu verweisen).

DAS Assekuranzgeschäft bildete (neben Handel und Schifffahrt) ein weiteres Standbein der Firma F. Laeisz. Seit der Mitte der 1850er Jahre engagierte sie sich mit erheblichen Mitteln im Schiffskasko- und Warenversicherungsgeschäft.[43] 1862 erwarb Carl Laeisz die Mitgliedschaft Nr. 1 des Vereins Hamburger Assekuradeure, die die Firma F. Laeisz Versicherung AG noch heute innehat. Obwohl sie damals als Privatversicherer in Konkurrenz mit den Versicherungs-Aktiengesellschaften stand, entwickelten sich auch hier die Geschäfte äußerst erfolgreich, so dass die „Hamburgische Börsenhalle" feststellen konnte: „Auf dem Gebiete des Assekuranzwesens war Carl Laeisz geradezu Autorität und sein Urteil sowie seine Entscheidung waren in den meisten Fällen ausschlaggebend."[44]

Laeiszhof an der Trostbrücke

Das Laeiszdenkmal

NACH dem Brand von 1842 hatte Ferdinand Laeisz im Haus Neueburg Nr. 14 ein eigenes Kontorhaus eingerichtet, in dem die Firma bis zur Errichtung des Laeiszhofes an der Trostbrücke im Jahre 1897/98 untergebracht war. Als Architekt an diesem bemerkenswerten Gebäude war Martin Haller beteiligt. Bis heute haben im Laeiszhof, der immer noch der Stammsitz der Firma F. Laeisz ist, viele Versicherungsfirmen ihr Unterkommen gefunden.

AM 28. April 1903, Carl Laeisz wäre an diesem Tage 75 Jahre alt geworden, wurde in Anwesenheit der gelegenheitsüblichen Hamburger Prominenz ein Denkmal enthüllt, das zu Ehren von Ferdinand, Carl und Carl Ferdinand Laeisz errichtet worden war. Es wurde von insgesamt 24 Reedereien, Versicherungsgesellschaften, Banken und anderen Unternehmungen sowie der See-Berufsgenossenschaft finanziert.

DIE große Zahl der Stifter erklärt sich daraus, dass sich die drei Laeisz nicht nur in vielen Reedereien engagierten, sondern auch als Mitgründer und Aufsichtsräte zahlreicher Versicherungsfirmen fungierten.[45]

BEI den zahlreichen erfolgreichen wirtschaftlichen Aktivitäten Carl Laeisz' fällt es auf, dass er sich im Gegensatz zu seinem Vater, der beinahe 30 Jahre lang der Bürgerschaft angehörte, im politisch-öffentlichen Raum sehr zurückhielt: Der Bürgerschaft gehörte er nur ein Jahr (1862) als Mitglied der Stempeldeputation an, wo er jedoch kaum in Erscheinung trat.[46] Außerdem war er in der Hamburger Sektion des 1898 gegründeten Deutschen Flottenvereins aktiv. Dieser war ein Zusammenschluss von Einzelpersonen und Vereinen, die auf einen Ausbau der Flotte des Deutschen Reiches hinwirken wollten. Der Flottenverein hatte maßgeblichen Einfluss auf die Politik im Kaiserreich. Mit anderen einflussreichen nationalistischen Agitationsverbänden wie dem Alldeutschen Verband und dem Kolonialverein vertrat er in den Jahren vor dem Ersten Weltkrieg den Anspruch Deutschlands auf weltpolitische Geltung, die dem Kaiserreich angeblich vorenthalten werde.

37 *Hamburgischer Correspondent Nr. 138 (22. März 1901).*
38 *Mathies, Reederei, S. 38, 96, 130; Behn, Jahrhundert-Familie, S. 59.*
39 *Wendt, Kurs, S. 71; Witthöft, Charaktere, S. 242.*
40 *Rohrbach; Piening; Schmidt, Geschichte, S. 70, 72; Heyden, Laeisz, S. 186.*
41 *Wendt, Kurs, S. 79.*
42 *Die vorherigen Ausführungen und Zitate bei Möhle, Branntwein, S. 43 ff.*
43 *Festzuhalten ist, dass bei Laeisz bis in die 1860er Jahre mehr Geld in das Versicherungsgeschäft investiert wurde als in die Schifffahrt.*
44 *Hamburgische Börsenhalle Nr. 138 (22. März 1901).*
45 *Vgl. hierzu Heyden, Laeisz, S. 186; Ahrens; Hauschild-Thiessen, Reeder, S. 26.*
46 *Vgl. hierzu die im Staatsarchiv Hamburg überlieferten Protokolle (StA Hbg., 314-4 Stempelwesen, A 2 Abschriften der Protokolle und ausgehenden Schriften, Band 6, S. 145, 278). – In den Jahren 1861–64 war Carl Laeisz Steuerschätzungsbürger, für 1878 wurde er von der Kaufmannschaft als Reeder in die Kommission für die Seemannskasse gewählt und 1882 war er Beisitzer des Seeamtes.*

Die Festversammlung

[5]

Düstere Jahre

Zu Beginn des Jahres 1900 wurde die Stadt Hamburg von einer Grippewelle erfasst, von der auch Carl Ferdinand Laeisz betroffen wurde. Nachdem er einige Wochen an der Krankheit laboriert hatte, kam er auf die seltsame Idee, an einem Tag mit dem Fahrrad von Hamburg nach Schwerin und zurück zu fahren, um dadurch den Infekt loszuwerden. Nach dieser Parforcetour verschlimmerte sich seine Lage jedoch dramatisch in Folge einer „Vergrößerung des Herzens", und er verstarb am 22. August 1900, ohne sich noch einmal erholt zu haben.[47] Der unerwartete Verlust des Sohnes, auf den er besonders stolz gewesen war, traf Carl Laeisz schwer.[48]

Carl Ferdinand Laeisz war 1877 in die Firma eingetreten und seit 1879 deren Teilhaber. In der Zeit von 1879 bis 1887 standen somit drei Generationen an der Spitze der Firma F. Laeisz. Der Enkel zeichnete sich durch profundes technisches und nautisches Wissen aus. Das Zentrum seiner beruflichen Aktivitäten lag eher in öffentlicher Tätigkeit und Verbandsarbeit als in der eigenen Firma. Im Vergleich zu seinem Vater und Großvater nahm er mehr Repräsentationsaufgaben wahr: So war er von 1883 bis 1900 Mitglied der Handelskammer, von 1895 bis 1898 deren Präses. Mit dem Vorsitz in dieser Selbstverwaltungskörperschaft der Kaufmannschaft hatte er das einflussreichste und ehrenvollste Amt erlangt, das in der Hamburgischen Wirtschaft bis heute zu vergeben ist. Von 1892 bis 1900 gehörte er als hervorragendes Mitglied der Bürgerschaft und für längere Zeit auch der Deputation für Handel und Schifffahrt an.[49]

1887 war in Ausgestaltung der Kaiserlichen Botschaft von 1881 das See-Unfallversicherungsgesetz erlassen worden, das den Beginn einer einheitlichen und umfassenden sozialen Seegesetzgebung bezeichnet. Die zur Erledigung der neuen Aufgaben gegründete See-Berufsgenossenschaft, ein Zwangszusammenschluss der Reeder in Form einer Selbstverwaltungskörperschaft unter staatlicher Aufsicht, wählte 1887 Carl Ferdinand Laeisz zum Vorsitzenden ihres Vorstandes. In den folgenden Jahren war er dort ausgesprochen erfolgreich tätig.[50]

In der Firma selbst, wo sich Vater und Sohn gegenseitig nur mit „Herr Laeisz" anredeten, war Carl Ferdinand kein gleichberechtigter Teilhaber. Vielmehr hielt dort Carl Laeisz die Fäden in der Hand. Daraus ergaben sich häufig Reibungen, „denn keiner von den beiden Herren war geneigt, von einer selbsterworbenen Ueberzeugung und Erkenntniß etwas aufzugeben".[51] In den wichtigen Punkten verfolgten sie jedoch

Bild der „Laeisz-Dynastie", gestaltet von Ernst Eitner

eine gemeinsame Linie, z. B. bei dem Umbau der Flotte seit 1887.

NACH dem Tod des Sohnes trug Carl Laeisz allein die Verantwortung für das gesamte Unternehmen. Allerdings war es ihm nur noch ein halbes Jahr lang vergönnt, hier zu wirken. Infolge eines Unfalls im Laeiszhof verschlechterte sich sein Gesundheitszustand rapide. Er verabschiedete sich brieflich von den Leitern der Gesellschaften, deren Aufsichtsrat er angehörte, und erklärte krankheitshalber seinen Rücktritt von den ihm anvertrauten Stellungen.[52] Am 22. März 1901, um 3 Uhr 25, verstarb Carl Laeisz in seinem Stadthaus am Neuen Jungfernstieg in Anwesenheit seiner Frau. Bis in die letzten Tage empfing er noch Besucher, so z. B. den Prinzen Heinrich, den Bruder des Kaisers, der ihm dessen Genesungswünsche überbrachte.

INNERHALB eines Zeitraumes von nur zwei Jahren hatte sich die Lage der Firma F. Laeisz, aber auch die der Familie tragisch verändert: Während im März 1899 die Firma mit dem Senior des Hauses ihr 75-jähriges Geschäftsjubiläum feierte, und Carl Ferdinand beste Aussichten hatte, in den nächsten Jahrzehnten ein florierendes Unternehmen weiter zu führen, fand sich im März 1901 Sophie Laeisz mit zwei verwaisten Enkeln, Erich und Herbert Laeisz, wieder, während die Geschicke der Firma auf ein Prokuristentriumvirat übergegangen waren.[53]

DER Tod von Carl Laeisz löste vor allem in Hamburg größte Anteilnahme aus. „Obwohl es im Allgemeinen nicht gebräuchlich" war, kondolierte der Senat. Hunderte der „hervorragendsten Mitbürger" trugen sich in den Tagen nach dem Tod in die Kondolenzlisten ein, die im Haus am Neuen Jungfernstieg auslagen.[54] Bei der Beerdigung am 25. März auf dem Ohlsdorfer Friedhof würdigte der Präsident der Bürgerschaft, Siegmund Hinrichsen, den Verstorbenen und hob in seiner Grabrede vor allem „den weiten Blick, die absolute Zuverlässigkeit, die unantastbare Redlichkeit eines großen Kaufmanns, gepaart mit hervorragender Sachkenntniß" hervor. Die Schiffe und Verwaltungsgebäude der Hamburger Reedereien und die Werften hatten seit der Todesstunde „halbstock" geflaggt, anlässlich der Beerdigung taten dies auch zahlreiche fremde Schiffe, Privatgebäude und die Hamburger Börse.[55]

ALL diese Anzeichen von Anteilnahme spiegeln die außergewöhnliche Bedeutung wider, die Carl Laeisz in Hamburg und darüber hinaus zugemessen wurde. Zu Recht gilt er als „treibende Kraft im Aufblühen des deutschen Handels und der Schiffahrt".[56] Mit seinen ausgeprägten Begabungen und seiner Energie hat er bei der Entwicklung der Firma F. Laeisz vom wenig bedeutenden Kaufhandel zur weltbekannten „Flying P-Linie" *die* entscheidende Rolle gespielt.

47 *Schauseil, Geschichte, S. 216.*

48 *Als Wilhelm II. 1899 nach einer Besichtigung der „Potosi" Carl Laeisz fragte, ob er noch mehr Söhne habe, erwiderte dieser: „Ich habe nur ein Junges, aber es ist ein junger Löwe." (Die Welt Nr. 125, 1. Juni 1977).*

49 *Zusätzlich bekleidete er viele Ehrenämter in höchst unterschiedlichen Bereichen, vgl. hierzu Hamburgischer Correspondent Nr. 141 (24. März 1899).*

50 *Ahrens; Hauschild-Thiessen, Reeder, S. 27; zum Wirken von Carl Ferdinand Laeisz in der See-Berufsgenossenschaft vgl. insbesondere Schauseil, Geschichte.*

51 *Hamburgischer Correspondent Nr. 138 (22. März 1901).*

52 *Rohrbach; Piening; Schmidt, Geschichte, S. 74.*

53 *Dieses Triumvirat war noch von Carl Laeisz ernannt worden, ihm gehörten Paul Ganssauge sowie J. Reisse und H. Struck an.*

54 *Hamburger Fremdenblatt Nr. 12 (25. März 1901); Neue Hamburger Zeitung Nr. 138 (22. März 1901).*

55 *Hamburgischer Correspondent Nr. 142 (25. März 1901).*

56 *Biographisches Jahrbuch, Laeisz, S. 88.*

[6]

Die Witwe Sophie Laeisz

Nach dem Tode von Carl Laeisz blieb dessen Frau Inhaberin der Firma. Sein Kapital verblieb also im Geschäft. Die Testamentsvollstrecker, die der Verstorbene noch eingesetzt hatte, waren die Senatoren Dr. Max Predöhl und Otto Eduard Westphal sowie Richard Canel, ein Neffe Sophies. Die beiden erstgenannten waren gleichzeitig die Vormünder der noch unmündigen Enkel Herbert und Erich.

Der Laeisz-Pudel, Maskottchen des Unternehmens und Symbol für die Liebe des Reeders Carl Laeisz zu seiner Frau „Pudel"

Der in nur kurzem zeitlichem Abstand erfolgte Tod der beiden Firmeninhaber führte im Unternehmen zu einem Umbruch großen Ausmaßes. Acht von achtzehn Kapitänen verließen die Reederei, darunter die beiden bekannten Kap Hoorniers, Robert Hilgendorf und der dienstälteste Kapitän bei Laeisz, Georg Schlüter, die sich in vielen Rekordbüchern der Segelschifffahrt wiederfinden.[57]

Auch im Privatleben der Witwe Sophie Laeisz änderte sich vieles: Sie hatte zu Lebzeiten ihres Mannes gemeinsam mit diesem das Stadthaus am Neuen Jungfernstieg bewohnt. Alljährlich im Mai zogen beide in das wesentlich bescheidenere Sommerhaus am Harvestehuder Weg. Nun beauftragte sie den Architekten Ernst Paul Dorn mit dem Entwurf einer neuen Villa, ebenfalls am Harvestehuder Weg, die als Alterswohnsitz gedacht war und mit deren Bau im Sommer 1906 begonnen wurde. Wann genau die Villa bezogen wurde, ist nicht bekannt. Sicher ist dagegen, dass die Baudeputation dem Gebäude Ende August 1907 die Hausnummer 8 a zuwies. Dort bewohnte Sophie Laeisz das untere Stockwerk, ihre beiden Enkel teilten sich das obere.

Sophie Laeisz

Sophie Laeisz mit Enkeln im Jahr 1896 auf Borkum
(im Strandkorb: Erich Laeisz, in der Mitte: Herbert Laeisz)

Es handelt sich bei ihr um ein für die Zeit typisches, also äußerst repräsentatives Gebäude, das bewusst Raum für spezifisch bürgerliche Geselligkeitsformen schuf. Als dekorative Elemente finden sich an dem Putzbau auch spätbarocke und Jugendstilornamente, die jedoch nicht über den insgesamt gründerzeitlichen Eindruck des Hauses hinwegtäuschen können. Sophie Laeisz war insofern eine typische Vertreterin des hamburgischen Großbürgertums, als sie keine Beziehungen zur Formensprache und zu den Ideen des aufkommenden Jugendstils entwickelte. So gibt es in Hamburg denn auch nur ganz wenige reine Jugendstilbauten.[58]

Am Harvestehuder Weg 27a ließ sich Erich Laeisz später von Erich Elingius ein „Hamburger Stadtwohnhaus" errichten – eigentlich ein kleines Palais mit Blick auf die Alster –, das 1921 fertig gestellt wurde. Die einzigartigen, im Stil des Neo-Rokoko entworfenen Möbel stammen von dem Münchner Designer Eduard Pfeiffer; ausgeführt wurden sie von der Münchner Werkstatt von Anton Pössenbacher. Das Palais wurde im Krieg zerstört, einige der Möbel konnten gerettet werden.[59]

Dass das Verhältnis von Sophie Laeisz zu neu aufkommenden Strömungen der zeitgenössischen Kunst nicht ungetrübt war, zeigt auch die Episode um den Schriftsteller Friedrich Huch, einen Vetter Ricardas, der im Hause Laeisz seit November 1900 als Hauslehrer eingestellt war. Er hatte zu dieser Zeit sein Erstlingswerk „Peter Michel" pub-

Grabstätte der Familie Laeisz

liziert, dem die Kritik eine „groteske und etwas unsaubere Phantasie" bescheinigte und „trotz mancher gelungener Detailbeschreibung, keine Empfehlung mit auf den Weg geben zu können" glaubte.[60] Daraufhin kam in Hamburg der Verkauf des Buches aus „Horror vor offizieller Compromittierung", wie Huch später meinte, völlig zum Erliegen.[61] Als Sophie Laeisz davon erfuhr, kündigte sie dem Hauslehrer, weil sie diesem ihre Enkelkinder nicht anvertrauen wollte.[62] Einige Jahre später, 1910, schrieb Huch in sein Tagebuch:

„Frau Laeisz hat es mir vor allem nicht verziehen, dass ich, wie ich bei ihr wohnte, ein Buch geschrieben hätte, das in unteren Schichten spielt. Und dann: dass der Peter Michel an das Wochenbett der Ottilie gelassen wird."[63]

Wesentlich weniger Probleme bereitete die Tätigkeit der Gesellschafterin Ida Neubauer. Sie, die noch in dem von Johannes Brahms 1859 gegründeten Hamburger Frauenchor unter dessen Leitung gesungen hatte, unterstützte Sophie Laeisz bei der nicht immer leichten Erziehung von Erich und Herbert Laeisz, einer Aufgabe, die durch das schwierige Verhältnis der beiden Brüder zueinander kompliziert wurde.

Bis ins 81. Lebensjahr hat Sophie Laeisz, wie das „Hamburger Fremdenblatt" berichtet, „in verhältnismäßiger Rüstigkeit die Bürden des Alters" getragen.[64] Seit Januar 1912 ging es ihr jedoch immer schlechter, und nach einem 14-tägigen Krankenlager starb sie am 2. Februar 1912 an den Folgen einer Erkältung. Drei Tage später, am 5. Februar, fand die Beerdigung auf dem Ohlsdorfer Friedhof statt, an der u. a. die Senatoren Hugo Brandt und Dr. Werner von Melle (dieser als Vertreter der Hamburgischen Wissenschaftlichen Stiftung) sowie u. a. Mitglieder des Kuratoriums der Laeiszhalle, von der HAPAG, der Woermann-Linie und der Ostafrika-Linie teilnahmen. Anlässlich der Feier hatten die im Hafen liegenden Schiffe der Reederei sowie die Werft von Blohm & Voss und die Verwaltungsgebäude verschiedener Reedereien halbmast geflaggt.[65]

57 *Günther, Schlüter, S. 111.*
58 *Vgl. Ahrens, Generalkonsulat, S. 21f.*
59 *Ich danke Prof. Dr. Rüdiger Joppien für diesen Hinweis. – Die wichtigste Quelle hierzu ist der lange Aufsatz von Wolf, Stadtwohnhaus.*
60 *Hamburgischer Correspondent Nr. 591 (18. Dezember 1901).*
61 *Zitiert nach Huller, Schriftsteller, S. 112.*
62 *Schiefler, Kulturgeschichte, S. 232.*
63 *Zitiert nach Huller, Schriftsteller, S. 113. – Bei Ottilie handelt es sich um die Frau des Rektors der Schule, bei der der Protagonist Peter Michel nach seinem Examen als Mathematiklehrer angestellt wird.*
64 *Hamburger Fremdenblatt Nr. 28 (3. Februar 1912).*
65 *Hamburgischer Correspondent Nr. 65 (5. Februar 1912); Hamburger Fremdenblatt Nr. 30 (6. Februar 1912).*

[7]

Soziales, kulturelles und wissenschaftliches Engagement von Sophie und Carl Laeisz

Bereits 1858 hatte sich Ferdinand Laeisz entschlossen, eine Wohnstiftung zu errichten – Auslöser war nach eigenen Angaben der Untergang des HAPAG-Dampfers „Austria" im Oktober desselben Jahres, bei dem über 300 Menschen umkamen. Diese Einrichtung sollte in erster Linie „durch unverschuldetes Unglück in Bedrängnis gerathenen Mitmenschen eine dauernde Hülfe stiften".[66] Das 1860/61 auf Staatsgrund errichtete Gebäude bot 90 Personen Unterkunft. Laeisz zu Ehren gab der Senat der Straße in der Vorstadt St. Pauli, an der das Stift lag, den Namen Laeiszstraße.[67] Die kleine Straße im Karolinenviertel existiert noch heute.

Darüber hinaus unterstützte F. Laeisz den Bau von Volksküchen, die Errichtung der Volksbadeanstalt auf dem Schaarmarkt (1882) und den Bau von Arbeiterwohnungen, etwa durch die Mitfinanzierung der Gemeinnützigen Baugesellschaft auf der Veddel 1878.[68]

Am 4. Januar 1901, kurz vor dem Tod Carl Laeisz', wurde per Senatsbeschluss die Errichtung der Sophie-Laeisz-Stiftung genehmigt. Bis zu ihrem Tod 1912 nahm Sophie hier den Platz des Vorstandes ein.[69] Zweck der Stiftung war laut Statut u. a. die „dauernde Unterhaltung und Fortführung des F.-Laeisz-Stifts sowie die Unterstützung der Insassen desselben". In den Jahren 1907 und 1909 hat Sophie Laeisz aus eigenen Mitteln das Stiftungskapital von 550.000 auf insgesamt 1.300.000 Mark erhöht.[70] Die Tochter von Erich Laeisz, Christine von Mitzlaff-Laeisz, welche später die Verantwortung für das Stift übernahm, konnte dieses noch einige Jahrzehnte am Leben erhalten – eine schwierige Aufgabe, da das Vermögen der Stiftung infolge des Ersten Weltkrieges und der Inflation von 1923 weitgehend verloren gegangen war. Bis 1974 wohnten im Wohnstift noch Menschen, 1975 wurde es jedoch wegen zunehmender Unwirtschaftlichkeit abgerissen.

Die Firma F. Laeisz hat sich – sicherlich nicht ganz uneigennützig – für die Förderung der Seemannsausbildung, der Schiffssicherheit und des Seerettungswesens eingesetzt. So war das Unternehmen u. a. an der Gründung des Hamburger Rettungsvereins (1861) beteiligt, der vier Jahre später in die überregionale Deutsche Gesellschaft zur Rettung Schiffbrüchiger aufging.[71] Was hingegen die allgemeineren sozialen Belange der Arbeiter angeht, so verhält sich die Sache etwas anders: Zwar stellte sich Carl Laeisz 1888 auf Seiten der Schauerleute, als diese eine Lohnerhöhung forderten, und konnte als deren Sprecher diese gegenüber der

HAPAG auch durchsetzen; 1896/97 jedoch, beim elfwöchigen Streik, an dem rund 16.700 Hafenarbeiter und Seeleute beteiligt waren, sprach er sich von vornherein gegen eine Lohnerhöhung aus.[72] Bei diesem Streik wurde nicht nur gegen die miserablen Arbeitsbedingungen, die niedrigen Löhne und die schlechte Wohnsituation protestiert – hier ging es auch um grundsätzliche Fragen: Die Unternehmer lehnten ein Schiedsverfahren ab, weil sie in dem Streik einen „Machtstreit" sahen.[73]

Es bleibt festzuhalten, dass Ferdinand, Carl und Sophie Laeisz – ganz typisch für in der ersten Hälfte des 19. Jahrhunderts geborene Angehörige des Wirtschaftsbürgertums – soziales Elend nicht als strukturelles, sondern als privates Problem aufgefasst haben. Deshalb setzten sie sich für eigeninitiatives Handeln vermögender Privatpersonen ein. Die Schutzbedürftigkeit der Betroffenen sahen sie dementsprechend in erster Linie als eine individuelle im Rahmen der Armenfürsorge.

Verschiedentlich sind die vielseitigen geistigen Interessen Carl Laeisz' und sein besonderer Hang zu den schönen Künsten hervorgehoben worden: „Seine Bibliothek enthielt manchen werthvollen Schatz und manches schöne Bild, manches herrliche Kunstwerk schmückte seine Wohnung". Dass Laeisz seine Bücher auch wirklich las, belegt sein sehr gutes Gedächtnis, welches sich „die hervorragenden Erscheinungen der deutschen und ausländischen Literaturen eingeprägt hatte und über zahllose Worte unserer Dichter und Denker stets verfügte".[74] Unabdingbare Voraussetzung für das breite kulturelle Engagement von Carl Laeisz war seine Aufgeschlossenheit gegenüber den verschiedenen Facetten des kulturellen Lebens, zu denen auch die Architektur gehörte. Martin Haller, der für die Familie Laeisz eine Reihe von Bauten entwarf, hat ihn denn auch in seinen Lebenserinnerungen als einen „idealen Bauherren" bezeichnet.[75]

Von 1899 bis 1901 saß Carl Laeisz im Vorstand der Philharmonischen Gesellschaft.[76] 1828 gegründet, hatte diese sich die Veranstaltung sowohl von Vokal- wie von Instrumental-Konzerten zur Aufgabe gemacht. Zur Gründung eines eigenen philharmonischen Orchesters kam es jedoch erst 1896, als der Verein Hamburgischer Musikfreunde ins Leben trat. Dieser bildete sich unter der Führung des Bankiers Rudolph Petersen und brachte die für das Orchester benötigten Mittel zum größten Teil aus privater Hand auf.[77] Im Mittelpunkt des musikalischen Lebens der Hansestadt standen allerdings weiterhin die von der Berliner Konzertagentur Wolff veranstalteten Abonnementskonzerte. Vor diesem Hintergrund ist auch ein u. a. von Sophie Laeisz unterzeichneter Aufruf zu sehen, der am 21. Oktober 1902 im „Hamburgischen Correspondenten" veröffentlicht wurde. Dort heißt es, dass die Philharmonische Gesellschaft ihren Fortbestand ernstlich in Frage gestellt sehe, „wenn nicht die Zahl der Abonnenten einen beträchtlichen Zuwachs erfährt".[78]

Während sich die finanzielle Lage der Philharmonischen Gesellschaft zu dieser Zeit also durchaus problematisch gestaltete, sollte sich zumindest die räumliche Situation spürbar verbessern: Im gemeinschaftlichen Testament von Sophie und Carl Laeisz, welches auf den 28. Februar 1901 datiert ist, war bestimmt, dass 1,2 Millionen Mark „zur

Gedenktafel für Carl und Sophie Laeisz im Haupttreppenhaus der Laeiszhalle

Erbauung einer Musikhalle in Hamburg" gespendet werden sollten.[79] Nach Carls Tod hat Sophie Laeisz die Bausumme auf insgesamt 2 Millionen Mark aufgestockt. Sie stellte die weiteren finanziellen Mittel für die Innenausstattung zur Verfügung.[80] Allerdings knüpfte sie hieran die Bedingung, dass die Stadt ein geeignetes Grundstück zur Verfügung stelle. Die Hamburger Senatoren stellten schließlich 1903 ein 5.000 Quadratmeter großes Grundstück am damaligen Holstenplatz zur Verfügung.

1904 begannen die Architekten Martin Haller und Wilhelm Emil Meerwein mit dem Bau der neobarocken Halle. Da nicht schon während der Bauarbeiten Nässe das Gebäude gefährden sollte, ließ man sich für damalige Verhältnisse sehr viel Zeit. Während der gesamten Bauzeit spielte Sophie Laeisz eine äußerst aktive Rolle: So setzte sie sich z. B. ausdrücklich dafür ein, die Garderobengänge besonders breit anzulegen, damit dort keine Panik entstehen könne.[81]

Am 3. Februar 1908 schrieb Martin Haller an Senator Dr. Max Predöhl, dass das Gebäude Ende Mai „völlig vollendet" sein würde.[82] Eingeweiht wurde das zum damaligen Zeitpunkt modernste Konzerthaus Deutschlands am 4. Juni 1908 (dem Hochzeitstag von Catharina und Ferdinand Laeisz) durch ein Festkonzert, an dem übrigens Sophie Laeisz wegen Krankheit nicht teilnehmen konnte.[83] Die Philharmonische Gesellschaft hatte nun endlich eine Heimstatt gewonnen. Die Leitung der musikalischen Feier wurde nicht in eine einzige Hand gelegt, sondern unter mehreren Dirigenten aufgeteilt: Der Organist Alfred Sittard spielte Bachs Passacaglia in c-moll. Außerdem führten der Cäcilienverein und die Sing-Akademie Händels „Hallelujah" aus dem „Messias" unter der Leitung von Richard Barth sowie Brahms' „Fest- und Gedenksprüche" unter der von Julius Spengel auf. Am Ende spielte das Orchester des Vereins Hamburgischer Musikfreunde, zum letzten Male unter der Leitung von Max Fiedler. Gegeben wurde die fünfte Symphonie in c-moll von Beethoven, ein Werk des Komponisten, den Carl Laeisz am meisten geschätzt hatte.[84]

Auch für das wissenschaftliche Leben in Hamburg engagierte sich Sophie Laeisz. Am 8. März 1907 spendete die Firma Laeisz 50.000 Mark der Hamburgischen Wissenschaftlichen Stiftung, die einen Monat später ins Leben treten sollte.[85] Damit zählt Sophie Laeisz zu den „Begründern und Hauptbeförderern" der Stiftung und wird – ganz zeittypisch – als „Frau Carl Laeisz" auf einer der beiden Marmortafeln gewürdigt, die sich in der Eingangshalle des Hauptgebäudes der Universität Hamburg befinden.

Seit dem 12. Januar 2005 heißt die Musikhalle Hamburg wieder Laeiszhalle.[86] Auf diese Weise soll an die beiden Stifter Sophie und Carl Laeisz und die lange Tradition des Engagements von Hamburger Bürgern für die Kulturförderung in ihrer Stadt erinnert werden.

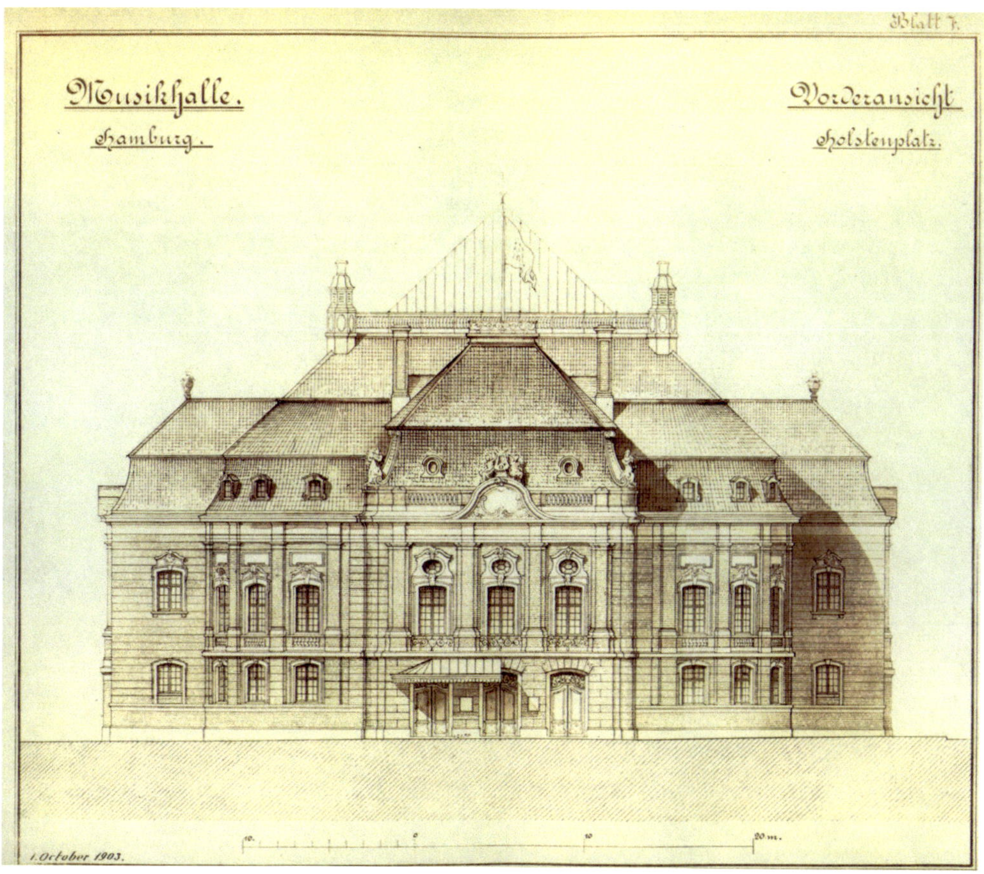

Entwürfe der Musikhalle (1903)

Laeiszhalle.
Strumper & Co. Hamburg. 1908.

Die Laeiszhalle (1908)

Laeiszhalle am Eröffnungstag (4. Juni 1908)

66 *Laeisz, Erinnerungen, S. 65.*
67 *Ahrens; Hauschild-Thiessen, Reeder, S. 18; Hamburgischer Correspondent Nr. 141 (24. März 1899).*
68 *Demirel, Mann, S. 40.*
69 *Danach bildeten diesen die bereits oben genannten Senatoren Dr. Max Predöhl und Otto Eduard Westphal sowie Richard Canel, Ida Neubauer und Paul Ganssauge.*
70 *NL Mitzlaff-Laeisz.*
71 *Vgl. Ahrens; Hauschild-Thiessen, Reeder, S. 18 und Hallier, Sammler, S. 105 für weitere Gründungsaktivitäten.*
72 *Neue Hamburger Zeitung Nr. 138 (22. März 1901).*
73 *Festzuhalten ist, dass der Streik der Arbeiter erfolglos blieb. Erst in den folgenden Jahren gelang es ihnen in kleinem Umfang, Verbesserungen durchzusetzen.*
74 *Vgl. z. B. Hamburgischer Correspondent Nr. 138 (22. März 1901). – Carl Laeisz war außerdem ein passionierter Münzsammler. 1886 schenkte er dem Münzkabinett der Kunsthalle eine Reihe hamburgischer Münzen. Im Jahresbericht der Kunsthalle wird von einer „der reichsten Zuwendungen, welche dieser Abtheilung jemals geworden" gesprochen (Jahresbericht, S. 53).*
75 *StA Hbg., 622-1 Familie Martin Haller, 49 Lebenserinnerungen [verfasst zwischen 1913 und 1920], Band 9 Meine Bauherren, S. 34.*
76 *Stephenson, Jahre, S. 248.*
77 *Vgl. Schiefler, Kulturgeschichte, S. 162 f.*
78 *Hamburgischer Correspondent Nr. 493 (21. Oktober 1902).*
79 *Abschrift, S. 716.*
80 *Hamburger Fremdenblatt Nr. 28 (3. Februar 1912); Hamburgischer Correspondent Nr. 60 (2. Februar 1912).*
81 *Hamburger Abendblatt Nr. 129 (4./5. Juni 1988).*
82 *NL Mitzlaff-Laeisz.*
83 *Vgl. den Brief des Senators Hugo Brandt an Sophie Laeisz vom 4. Juni 1908: „Zu unserem innigsten Bedauern werden Sie ja der Feier am heutigen Abend fern bleiben müssen, aber sie mögen überzeugt sein, daß der herzliche tiefgefühlte Dank für Ihre und Ihres Herrn Gemahls schöne Stiftung, welchen wir Ihnen leider heute Abend nicht persönlich aussprechen können, die Herzen aller guten Hamburger ebenso wie unsere eigenen Herzen erfüllt." (Ebd.).*
84 *Die Welt Nr. 217 (16. September 1995); Hamburger Abendblatt Nr. 130 (6. Juni 1988); Hamburgischer Correspondent Nr. 142 (25. März 1901). Vgl. auch Gerhardt, Laeiszhalle.*
85 *Hauptbuch 1906–1914, S. 5: Archiv Hamburgische Wissenschaftliche Stiftung.*
86 *Dies war bereits zum Zeitpunkt der Eröffnung so geplant. An der Fassade über dem Hauptportal steht denn auch seit jeher der Name „Laeiszhalle" (vgl. Hamburger Fremdenblatt Nr. 70, 22. März 1908). Dieser wurde bis in die 1930er Jahre gebraucht.*

[8]

Weitere Entwicklung

Nach dem Tod von Sophie Laeisz kam es 1912 erneut zu großen Umbrüchen in der Firma F. Laeisz. Die Enkel Herbert und Erich Laeisz übernahmen nunmehr das Unternehmen. Als Herbert sechs Jahre später im Ersten Weltkrieg fiel, wurde Erich Laeisz alleiniger Inhaber (dieser letzte männliche Nachkomme des Firmengründers starb 1958).

Bereits 1907, im Jahr der Schifffahrtsflaute, richteten die drei Prokuristen, die zu dieser Zeit die Geschicke der Firma leiteten, den Blick nach Kamerun, verlor doch das Salpetergeschäft mit Beginn der industriellen Produktion von Kaliumnitrat nach dem Haber-Bosch-Verfahren immer mehr an Bedeutung. Am Kamerunberg wurden Bananenplantagen aufgebaut; geplant war, die Früchte mit Kühlschiffen nach Hamburg zu transportieren. 1912 kam es zur Gründung der Afrikanischen Frucht-Companie GmbH (A.F.C.), deren Muttergesellschaft F. Laeisz war. Ein Jahr später wurden zwei Bauaufträge für Bananendampfer mit Kühleinrichtung erteilt. Zu diesem Zeitpunkt befand sich kein einziger Dampfer in der Laeisz-Flotte. Die beiden Schiffe sind allerdings für das Unternehmen nie eingesetzt worden, da kurz nach ihrer Fertigstellung der Erste Weltkrieg ausbrach. Erst seit 1931, in diesem Jahr wurden die allermeisten Laeisz-Segler verkauft, entwickelte sich die Bananenfahrt mit Kühlschiffen zum Hauptgeschäftsfeld der Reederei.[87]

Im Versailler Vertrag war 1919 festgelegt worden, dass nahezu alle deutschen Handelsschiffe den Alliierten auszuliefern seien. Diese Bestimmung hätte für die Firma F. Laeisz fast das Ende bedeutet. Lediglich der Umstand, dass die meisten der Laeiszschen Segelschiffe in Chile lagen, rettete das Unternehmen. Dadurch wurde es möglich, die Schiffe für die Überführungsreise auf eigene Rechnung mit Salpeter zu beladen. Diese Frachten brachten immens hohe Erlöse, die gepoolt wurden und in den folgenden Jahren einen Rückkauf der meisten Segelschiffe von den Alliierten ermöglichten. Die Organisation übernahm die Deutsche Segelschiff-Kontor GmbH Hamburg. Paul Ganssauge, einer der Prokuristen des Jahres 1901, war als deren Geschäftsführer maßgeblich am Erfolg der ganzen Aktion beteiligt. In Anerkennung seiner Verdienste wurde er denn auch 1923 zum Mitinhaber der Firma gemacht. Ganssauge starb 1937, ein Jahr zuvor war sein Sohn Willi Ganssauge Partner von F. Laeisz geworden.

Bislang sind einzelne Aspekte zur Geschichte der Firma F. Laeisz während der NS-Zeit in verschiedenen Publikationen behandelt worden.[88] 1945 befand sich die Firma erneut in einer prekären Lage: Sämtliche Schiffe waren verloren oder mussten abgeliefert werden. Nachdem die schwierigen ersten Nachkriegsjahre überwunden waren, ging es seit 1952 wieder bergauf: In diesem Jahr wurde das erste deutsche Nachkriegskühlschiff „Proteus" in den Dienst gestellt, dem schnell weitere Neubauten folgten.

1972 wurden die beiden ersten Massengutfrachter, welche in einer Größe gehalten waren, die gerade noch für den Panama-Kanal geeignet war (Panmax-Bulker), „Prosperina" und „Propontis", mit jeweils 80.000 TDW in den Dienst gestellt. Im selben Jahr begann bei Laeisz auch das Container-Zeitalter mit den beiden Schiffen „Pluvius" und „Plutos". Auch sonst änderte sich einiges: 1973 wurde Nikolaus W. Schües Partner von F. Laeisz. Die Firma wurde nunmehr von drei Familienstämmen getragen: Den Erben von Erich Laeisz, Willi Ganssauge und dessen Familie sowie Nikolaus W. Schües.

1982 kam es zur wohl schwersten Schifffahrtskrise des gesamten 20. Jahrhunderts. Das hatte auch für die Firma F. Laeisz weitreichende Konsequenzen in Form einer Neustrukturierung: Alle aktiven Schifffahrtsgeschäfte wurden am 1. Januar 1983 auf die neu geschaffene Firma F. Laeisz Schiffahrtsgesellschaft mbh + Co. übertragen, an der die Firma F. Laeisz – allerdings nur befristet für einige Jahre – und Nikolaus W. Schües beteiligt waren. Für das Unternehmen ging es seit 1983 mit den beiden Schiffen „Pharos" und „Puritan" wieder aufwärts: Bei letzterem handelte es sich um ein Bananen-Vollcontainerschiff, das erste überhaupt; bei ersterem um einen Erz-Öl-Frachter, der sich durch besonders geringen Treibstoffverbrauch auszeichnete. Das Zeitalter der großen Containerschiffe begann 1989 mit den beiden Schiffen „Paris" und „Panama", beide unter Langzeitcharterverttrag der Senator Linie GmbH & Co. KG Bremen.

Vier Jahre später, 1993, trat Nikolaus H. Schües, der Sohn von Nikolaus W. Schües, in die Firma ein. Im selben Jahr wurde die Deutsche Seereederei Rostock (DSR), die Staatsreederei der ehemaligen DDR, privatisiert und an den Hamburger Reeder Nikolaus W. Schües und einen Partner verkauft. Die Schiffe der Deutschen Seereederei – mit Ausnahme der Kreuzfahrtschiffe – und der F. Laeisz Schiffahrtsgesellschaft wurden daraufhin in der Reederei F. Laeisz zusammengeführt. 1999 übernahm die Familie Schües alleinig sämtliche Gesellschaftsanteile der Reederei. 2004 schließlich erwarben die beiden geschäftsführenden Gesellschafter der Reederei F. Laeisz, Nikolaus W. Schües und Nikolaus H. Schües, von den Erben der offenen Handelsgesellschaft in Firma F. Laeisz deren sämtliche Gesellschaftsanteile mit allen Rechten. Damit fand ein weiteres Kapitel der langen und bewegten Unternehmensgeschichte seinen Abschluss.

Heute machen spezielle Autotransporter einen Großteil der Laeisz-Flotte aus. Um das Geschäft auf Bereiche jenseits der Containerfahrt auszudehnen, bestellte die Reederei 2007 eine Serie von acht Pure Car und Truck Carriers, die von 2009 bis 2012 ausgeliefert wurden: „Patara" und „Passero", die zuletzt in Dienst gestellten Schiffe der Serie, sind 182 Meter lang und 32 Meter breit, haben bis zu 14 Decks und können bis zu 5.000 Fahrzeuge transportieren. Zahlreiche weitere Autotransporter fahren für die norwegische Reederei Gram Car Carriers, deren größter Anteilseigner F. Laeisz seit Börsengang bis zur Übernahme der Gesellschaft durch Familie Aponte, der auch die Containerreederei MSC gehört, war.

Weiter ausbauen will die Reederei das Segment der Gas-Carrier. Zusammen mit dem norwegischen Düngemittelhersteller Yara, mit dem 2005 ein Joint Venture abgeschlossen wurde, bestellte F. Laeisz die beiden Gastankschiffe „Polar" und „Pazifik". Mit dem Transport von Ammoniak (früher in Form von Salpeter, heute gasförmig) schließt sich insofern ein Kreis, als damit an die Tradition der „Flying-P-Liner" angeknüpft wird.[89]

Am 23. März 2024 – und damit soll diese Biographie enden – feierte F. Laeisz (selbstverständlich) in der Laeiszhalle das 200-jährige Bestehen der Firma mit zwei Festrednern, die eine besondere Verbindung zu ihr aufweisen können: Altbundespräsident Joachim Gauck, dessen Vater vor dem 2. Weltkrieg bei F. Laeisz als Offizier zur See gefahren war, berichtete, dass er als Kind mit einem Jackenknopf gespielt habe, auf dem das Logo „F. Laeisz" eingedruckt war. Die Meeresforscherin und Leiterin des Alfred-Wegener-Instituts in Bremerhaven Professor Antje Boetius, deren Großvater auf dem Laeisz-Segler „Peking" als Seemann diente, hat bereits 50 Expeditionen auf dem Forschungsschiff „Polarstern" absolviert, das von F. Laeisz bereedert wird.[90]

Altbundespräsident Joachim Gauck bei seiner Festrede anlässlich des 200-jährigen Jubiläums der Reederei F. Laeisz am 23. März 2024 in der Laeiszhalle

87 *Brinckmann, Hüte, S. 64.*

88 *Die Unternehmensgeschichte von Hans Georg Prager beschränkt sich für diese Jahre im Wesentlichen auf folgende Punkte: 1.) Wettfahrt, Rekorde und Kap Hoorn-Umseglungen der Viermastbarken „Padua" und „Priwall" (Prager, Reederei, S. 87–89), 2.) Neuanschaffung und das Schicksal von Laeisz-Schiffen während der Kriegsjahre sowie 3.) wirtschaftliche Entwicklung der A.F.C. (ebd., S. 93–98). Hinzu kommen noch die Schiffsbiographien im Anhang (ebd., S. 201 ff.). Linne, Bananen untersucht die Geschichte der A.F.C. während der NS-Zeit und nimmt dabei insbesondere Willi Ganssauge in den Blick. Greztschel, Laeisz, S. 125 ff. wiederum richtet sein Augenmerk vor allem auf Erich Laeisz. Anders als Ganssauge, der zwar kein überzeugter Nationalsozialist war, sich aber aus taktischen Gründen anpasste, geriet jener schon 1934 in offenen Konflikt mit dem NS-Regime und musste in der Folgezeit mehr als ein Dreivierteljahr im Untersuchungsgefängnis verbringen, da ihm wegen seiner Beziehung zu Sonja Schneid „Rassenschande" vorgeworfen wurde.*

89 *Gretzschel, Laeisz, S. 176, 187 f.*

90 *Grosch, Laeisztung, S. 50.*

200th
Anniversary
of F. Laeisz
Carl was the first ship in the
it loaded with
began the Laeisz tradition of
all ships with the names starting with the

Anlässlich des 200-jährigen Jubiläums schuf der Grafiker Albert Schindehütte diese Federzeichnuing mit Anspielungen auf die Geschichte der Reederei

[9]

Anhänge

Stammtafel (Auszug)

Ferdinand Laeisz (1801–1887) ⚭ Ulrike Catharina Creutzburg (1806–1889)

Carl Heinrich Laeisz (1828–1901) ⚭ **Sophie Christine Knöhr** (1831–1912)

Carl Ferdinand Laeisz (1853–1900) ⚭ Clementine Klée (1861–1890)
4 Kinder, darunter

Herbert Ferdinand Laeisz (1886–1918) *ledig*	Erich Ferdinand Laeisz (1888–1958) ⚭ Gerda Klée (1894–1914) ⚭ Franziska Auspitzer (1884–1972)
	Elisabeth Maximiliane Helen Sophie Christine Laeisz (1916–1995) ⚭ Wolf Jürgen von Mitzlaff (1912–1991)

Ich danke Herrn RA Peter Ando Lindemann, der mir Unterlagen zur Geschichte der Familie Knöhr zur Verfügung gestellt hat.

Carl und Sophie Laeisz' Lebensdaten im Überblick

1828	Geburt Carl Laeisz
1831	Geburt Sophie Knöhr
1840er Jahre	Lehre von Carl Laeisz im Bremer Handelshaus E. C. Schramm & Co.; anschließend Reisen durch England, Frankreich und Amerika
1850	Carl Laeisz drängt seinen Vater Ferdinand Laeisz zum Kauf von zwei kleinen Schiffen
1852	Carl Laeisz wird Teilhaber der Firma F. Laeisz; Hochzeit mit Sophie Knöhr
1853	Geburt des Sohnes Carl Ferdinand Laeisz
1857	Die Erträge der beiden Schiffe sind so gut, dass sich Ferdinand und Carl Laeisz zu einem weiteren Neubau entschließen, was den endgültigen Weg in die Schifffahrt bedeutet. Das Schiff erhält den Namen von Carls Frau Sophie, die wegen ihrer krausen Haare „Pudel" genannt wird
1861	F. Laeisz gründet den Hamburgischen Rettungsverein, der 1865 in die Deutsche Gesellschaft zur Rettung Schiffbrüchiger übergeht
1862	Zum ersten Male läuft ein Laeisz-Segler den chilenischen Hafen von Valparaiso an und legt damit den Grundstein für den regelmäßigen Westküstenverkehr in der Salpeter- und Guanofahrt
1879	Carls Sohn Carl Ferdinand wird Teilhaber bei F. Laeisz
1887	Tod Ferdinand Laeisz; umfassender Umbau der Laeisz-Flotte
1897	Das seit 1850 betriebene Assekuranzgeschäft der Firma (speziell für das Schiffskasko- und Warenversicherungsgeschäft) gewinnt immer mehr an Bedeutung
1897/98	F. Laeisz errichtet den Laeiszhof an der Trostbrücke 1, in den viele Seeversicherer ihre Geschäftsräume legen
1900	Tod Carl Ferdinand Laeisz
1901	Carl Laeisz bestimmt drei seiner Mitarbeiter zu Prokuristen, die die Geschäfte von F. Laeisz weiter führen; im gemeinschaftlichen Testament des Ehepaares Laeisz findet sich eine Klausel, die die Firma F. Laeisz verpflichtet, dem Hamburger Staat 1,2 Millionen Mark zur Erbauung einer Musikhalle zu vermachen; später erhöht Sophie Laeisz den Betrag auf 2 Millionen Mark
1908	Eröffnung der Laeiszhalle
1912	Tod Sophie Laeisz

[10]

Quellen, Literatur und Bildnachweis

Zur Quellenlage:

Das Archiv der Firma F. Laeisz ist beim Brand des Laeiszhofes 1943 vernichtet worden. Als wichtigste autobiographische Quelle sind die Erinnerungen von Ferdinand Laeisz zu nennen, da weder Carl noch Carl Ferdinand Laeisz derartige Aufzeichnungen hinterlassen haben. Aus der Hand von Carl Laeisz ist nur eine Instruktion an seine Kapitäne aus dem Jahr 1892 überliefert (abgedruckt bei: Rohrbach; Piening; Schmidt, Geschichte, S. 65 ff.).

Literatur und veröffentlichte Quellen:

Abschrift des § 6 des Testaments der Eheleute Carl Heinrich Laeisz und Sophie Christine Laeisz, geb. Knöhr (Anlage der Mitteilung des Senats an die Bürgerschaft, Nr. 222: Antrag betreffend Ausweisung eines Platzes für die Erbauung einer Musikhalle), in: Verhandlungen zwischen Senat und Bürgerschaft im Jahre 1902, Hamburg 1903, S. 715–716

Ahrens, Gerhard: Art. Laeisz, in: NDB 13, Berlin 1982, S. 398–400 [Kurze Artikel über Ferdinand, Carl, Carl Ferdinand sowie Erich Laeisz und auch in: DBE 6, München 1997, S. 195]

Ders.: Krisenmanagement 1857. Im Schriftwechsel der Geschwister Jenisch und Godeffroy widergespiegelte Weltwirtschaftskrise und ihre Lösung in Hamburg 1857, Hamburg 1980

Ders.: Krisenmanagement 1857. Staat und Kaufmannschaft in Hamburg während der ersten Weltwirtschaftskrise, Hamburg 1986

Ders.; Hauschild-Thiessen, Renate: Die Reeder: Laeisz, Ballin, Hamburg 1989

Ahrens, Michael: Das britische Generalkonsulat am Harvestehuder Weg, Hamburg 2003

Behn, Annkathrin: Die Jahrhundert-Familie, in: Hamburg history live Magazin 1 (2015), S. 54–60

Biographisches Jahrbuch und Deutscher Nekrolog, VI. Band, Art. Carl Laeisz, Berlin 1904, S. 87–88

Blöss, Hans: Glanz und Schicksal der „Potosi" und „Preußen". Hamburgs und der Welt größte Segler, Kiel 1960

Brennecke, Jochen: Windjammer: Der große Bericht über die Entwicklung, Reisen und Schicksale der Königinnen der sieben Meere, Hamburg [4]1996

Brinckmann, Andrea: Hüte – Salpeter – Bananen. Die Südamerika-Unternehmungen der Reederei Laeisz, in: Arfs, Jörn; Mücke, Ulrich (Hg.): Händler, Pioniere, Wissenschaftler. Hamburger in Lateinamerika, Berlin 2010 (Hamburger Lateinamerikastudien; 1), S. 47–66

Burmester, Heinz: Mit der Pamir um Kap Horn. Die letzte Epoche der deutschen Frachtsegler, Odenburg, Hamburg [2]1978

Cecil, Lamar: Albert Ballin. Wirtschaft und Politik im deutschen Kaiserreich 1888–1918, Hamburg 1969

Chávez, Christine (Hg.): Weißes Wüstengold. Chile-Salpeter und Hamburg, Hamburg 2024

Demirel, Onur: Geboren 1. 1. 1801 – der erste Mann des Jahrhunderts: Ferdinand Laeisz, in: Clasen, Rita; Dobers, Ulf (Hg.): Reeder in Hamburg. Wille – Persönlichkeit – Erfolg. Ein Projekt der Klosterschule mit dem Denkmalschutzamt, Hamburg 2020, S. 34–41

Die Laeiszhalle in Hamburg. Zum Tage der Einweihung am Donnerstag, den 4. Juni 1908, Hamburg 1908

Die Welt Nr. 125 (1. Juni 1977): „Die Musikhalle muß für Veranstaltungen vornehmsten Stils sein"; Nr. 217 (16. September 1995): Sinnbild bürgerlichen Mäzenatentums
Domizlaff, Hans: Das große Buch der Passat, Hamburg ²1998
Eckstein, Julius (Hg.): F. Laeisz, in: Historisch-biographische Blätter. Der Staat Hamburg, 9. Lieferung, Berlin, Hamburg, Wien 1905/06
Erinnerung an die Enthüllung des Laeiszdenkmals am 28. April 1903
Focke, Harald; Gerken, Tobias: Die Peking, Hamburg 2019 (Oceanum. Das maritime Magazin spezial)
General-Anzeiger für Hamburg-Altona Nr. 70 (23. März 1901): Nachruf Carl Laeisz; Nr. 72 (26. März 1901): Beerdigung Carl Laeisz
Gerhardt, Johannes: Die Laeiszhalle und ihre Stifter, in: Laeiszhalle – Musikhalle Hamburg (Hg.): 100 Jahre Laeiszhalle – Musikhalle Hamburg. Geschichte, Menschen, Sternstunden, Hamburg 2008, S. 16–19
Goverts, Ernst F.: Die Mitgliederliste der Gesellschaft „Einigkeit" in Hamburg (gegründet 1761). Eine Jubiläumsgabe zur Feier des 150 jährigen Bestehens der Gesellschaft, Hamburg 1911
Gretzschel, Matthias: 1824–2024. F. Laeisz. Die Geschichte einer deutschen Reederei und ihr Weg in die Zukunft, Hamburg 2024
Gröning, A.: Die Laeisz, in: Die Frau. Monatsschrift für das gesamte Frauenleben unserer Zeit 8 (1900/01), S. 548–552
Grosch, Hanns-Stefan: Reife Laeisztung, in: Deutsche Seeschifffahrt (2024, 2), S. 48–51
Günther, Rolf: Georg Schlüter. Ein Hamburger Segelschiffkapitän für Laeisz, Hamburg 2000
Hallier, Bernd: Sammler, Stifter und Mäzene des Handels, Band 1, Köln 2002, S. 104–105
Hamburger Abendblatt Nr. 186 (13. August 1986): Familie Laeisz – stets mit Alsterblick; Nr. 129 (4./5. Juni 1988): „Für Veranstaltungen vornehmsten Stils"; Nr. 130 (6. Juni 1988): Ohne private Gelder keine „herrliche Kunststätte"
Hamburger Fremdenblatt Nr. 70 (23. März 1901): Nachruf Carl Laeisz; Nr. 12 (25. März 1901): Beerdigung Carl Laeisz; Nr. 70 (22. März 1908): Neubau der Laeiszhalle; Nr. 28 (3. Februar 1912): Nachruf Sophie Laeisz; Nr. 30 (6. Februar 1912): Beerdigung Sophie Laeisz
Hamburger Nachrichten Nr. 71 (24. März 1899): 75jähriges Jubiläum der Firma F. Laeisz; Nr. 69 (22. März 1901): Nachruf Carl Laeisz; Nr. 71 (25. März 1901): Beerdigung Carl Laeisz; Nr. 209 (22. März 1908): Neubau der Laeiszhalle; Nr. 392 (5. Juni 1908): Eröffnung der Laeiszhalle; Nr. 329 (28. November 1937): Der Reeder Carl Laeisz
Hamburgische Börsen-Halle. Zeitung für Handel und Schiffahrt Nr. 140 (23. März 1899): 75jähriges Jubiläum der Firma F. Laeisz; Nr. 138 (22. März 1901): Nachruf Carl Laeisz; Nr. 142 (25. März 1901): Beerdigung Carl Laeisz
Hamburgischer Correspondent Nr. 192 (26. April 1898): 70. Geburtstag Carl Laeisz; Nr. 141 (24. März 1899): 75jähriges Jubiläum der Firma F. Laeisz; Nr. 142 (24. März 1899): 75jähriges Jubiläum der Firma F. Laeisz; Nr. 138 (22. März 1901): Nachruf Carl Laeisz; Nr. 142 (25. März 1901): Beerdigung Carl Laeisz; Nr. 591 (18. Dezember 1901): Rezension Peter Michel; Nr. 493 (21. Oktober 1902): Aufruf Philharmonische Gesellschaft; Nr. 149 (21. März 1908): Neubau der Laeiszhalle; Nr. 283 (5. Juni 1908): Eröffnung der Laeiszhalle; Nr. 60 (2. Februar 1912): Nachruf Sophie Laeisz; Nr. 65 (5. Februar 1912): Beerdigung Sophie Laeisz
Hamecher, Horst: Fünfmast-Vollschiff „Preussen", Königin der See. Der Lebensweg eines Tiefseewasserseglers, Kassel ²1993
Heyden, Wilhelm: Die Mitglieder der Hamburger Bürgerschaft 1859–1862. Festschrift zum 6. Dezember 1909, Art. Carl Laeisz, Hamburg 1909, S. 186–188
Holzhäuser, Tim: Die Flying P-Liner, in: Schümanns Hamburger, Band 7: Die Reeder, Hamburg 2004, S. 36–41
Huller, Helene: Der Schriftsteller Friedrich Huch. Studien zu Literatur und Gesellschaft um die Jahrhundertwende, München Diss. 1974
Jahresbericht der Kunsthalle zu Hamburg für 1888, Hamburg 1889, S. 53 ff.
Klingbeil, Peter: Die Flying P-Liner. Die Segelschiffe der Reederei F. Laeisz, Hamburg ²2000
Köhler, Jan Willem: Wenn Schiffe zu Legenden werden und Kapitäne Helden – die „Flying P-Liner", in: Clasen, Rita; Dobers, Ulf (Hg.): Reeder in Hamburg. Wille – Persönlichkeit – Erfolg. Ein Projekt der Klosterschule mit dem Denkmalschutzamt, Hamburg 2020, S. 42–50

Laeisz, Ferdinand: Erinnerungen eines alten Hamburgers. Den Freunden des Verstorbenen gewidmet von seinem Enkel, Hamburg 1891 (ND 1974)
Linne, Karsten: „Deutsche Kamerun-Bananen". Die Afrikanische Frucht-Compagnie Aktiengesellschaft", in: Möhle, Heiko (Hg.): Branntwein, Bibeln und Bananen. Der deutsche Kolonialismus in Afrika – eine Spurensuche in Hamburg, Hamburg 199, S. 143–48
Lüth, Erich: Hamburgs Schicksal lag in ihrer Hand. Geschichte der Bürgerschaft, Hamburg 1966
Mathies, Otto: Hamburgs Reederei 1814–1914, Hamburg 1924
Matthies, Walther: Vereinsbank in Hamburg. Biographien der Aufsichtsrats- und Vorstandsmitglieder seit der Gründung der Bank im Jahre 1856, Hamburg 1970
Melle, Werner von: Dreißig Jahre Hamburger Wissenschaft 1891–1921. Rückblicke und Erinnerungen, erster Band, herausgegeben auf Anregung der Hamburgischen Wissenschaftlichen Stiftung, Hamburg 1923
Meyer, Jürgen: Hamburgs Segelschiffe 1795–1945, Norderstedt 1971, S. 38–69
Möhle, Heiko: Mit Branntwein und Gewehr, in: Ders. (Hg.): Branntwein, Bibeln und Bananen. Der deutsche Kolonialismus in Afrika – eine Spurensuche in Hamburg, Hamburg 1999, S. 39–45
Neue Hamburger Zeitung Nr. 138 (22. März 1901): Nachruf Carl Laeisz; Nr. 148 (28. März 1901): Vom Humor des alten Laeisz
Plass, Friedrich; Ehlers, Robert F.: Geschichte der Assecuranz und der hanseatischen Seeversicherungs-Börsen Hamburg – Bremen – Lübeck, Hamburg 1902
Prager, Hans G.: Reederei F. Laeisz. Von den Großseglern zur Containerfahrt, Hamburg [4]2004
Rohrbach, Paul; Piening, Hermann; Schmidt, Fred: FL. Die Geschichte einer Reederei, Hamburg [3]1960
Schauseil, Max: Zur Geschichte der See-Berufsgenossenschaft. Erinnerungen des früheren Verwaltungsdirektors der See-Berufsgenossenschaft, Hamburg 1925
Schiefler, Gustav: Eine hamburgische Kulturgeschichte: 1890–1920. Beobachtungen eines Zeitgenossen, Hamburg 1985 (Veröffentlichungen des Vereins für Hamburgische Geschichte; 27)
Stephenson, Kurt: Hundert Jahre Philharmonische Gesellschaft in Hamburg, Hamburg 1928
Wendt, Herbert: Kurs Südamerika. Brücke zwischen 2 Kontinenten, Bielefeld 1958
Wiborg, Susanne: Wo er steht, ist Hamburg. Unbekannte Geschichten bekannter Hanseaten, Hamburg 1992, S. 84–97
Witthöft, Hans Jürgen: Zwei gestandene Charaktere – Carl Laeisz und Hermann Blohm, in: Köhlers Flottenkalender. Internationales Jahrbuch der Seefahrt 105 (2016), S. 241–245
Wolf, Georg J.: Ein Hamburger Stadtwohnhaus, in: Deutsche Kunst und Dekoration 55 (1924/25), S. 41–96

Bildnachweis:
Ahrens, Gerhard; Hauschild-Thiessen, Renate: Die Reeder: Laeisz, Ballin, Hamburg 1989 (S. 13, 17 f., 35)
Deutsches Schiffahrtmuseum Bremerhaven (S. 20–23, 26 f.)
Erinnerung an die Enthüllung des Laeiszdenkmals am 28. April 1903 (S. 9 rechts, 29, 31, 33)
F. Laeisz (S. 10, 27 unten, 55–57)
Gemeinfrei (S. 7)
Meyer, Jürgen: Hamburgs Segelschiffe 1795–1945, Norderstedt 1971 (S. 24 f.)
Museum für Hamburgische Geschichte (S. 12)
Prager, Hans G.: Reederei F. Laeisz. Von den Großseglern zur Containerfahrt, Hamburg [4]2004 (S. 38)
Privatarchiv Jörg von Mitzlaff-Laeisz (S. 9 links, 11, 15, 39–41, 47)
Rohrbach, Paul; Piening, Hermann; Schmidt, Fred: FL. Die Geschichte einer Reederei, Hamburg [3]1960 (S. 30)
Staatsarchiv Hamburg (S. 45, 48–50)

[11]

Namensregister

Verzeichnet sind die Namen von Personen, die in den Kapiteln 1 bis 8 genannt werden. Anmerkungen bleiben unberücksichtigt, ebenso der Name Carl Laeisz. Ein * verweist darauf, dass auf der angegebenen Seite (auch) ein Bild der jeweiligen Person bzw. der Name eines Malers erscheint. Bei den Vornamen findet in den meisten Fällen eine Beschränkung auf den Rufnamen statt. Adelstitel werden im Register weggelassen, da sie im Haupttext vermerkt sind.

Aus der Reihe „Mäzene für Wissenschaft" sind bei Hamburg University Press erschienen

Band 1 Die Begründer der Hamburgischen Wissenschaftlichen Stiftung
Band 2 Sophie Christine und Carl Heinrich Laeisz. Eine biographische Annäherung an die Zeiten und Themen ihres Lebens
Band 3 Eduard Lorenz Lorenz-Meyer. Ein Hamburger Kaufmann und Künstler
Band 4 Hermann Franz Matthias Mutzenbecher. Ein Hamburger Versicherungsunternehmer
Band 5 Die Brüder Augustus Friedrich und Gustav Adolph Vorwerk. Zwei Hamburger Kaufleute
Band 6 Albert Ballin
Band 7 Ernst Friedrich Sieveking. Erster Präsident des Hanseatischen Oberlandesgerichts
Band 8 Franz Bach. Architekt und Unternehmer
Band 9 Alfred Beit. Hamburger und Diamantenkönig
Band 10 Hermann Blohm. Gründer der Werft Blohm & Voss
Band 11 Gustav Amsinck. Ein Hamburger Großkaufmann in New York
Band 12 Henry P. Newman. Hamburger Großkaufmann und Mäzen
Band 13 Adolph Lewisohn. Kupfermagnat im „Goldenen Zeitalter"
Band 14 Johannes August Lattmann. Sozial und liberal im vordemokratischen Hamburger Senat
Band 15 Heinrich Freiherr von Ohlendorff. Ein Hamburger Kaufmann im Spiegel der Tagebücher seiner Ehefrau Elisabeth
Band 16 Edmund Siemers. Unternehmer und Stifter
Band 17 „Es muß besser werden!" Aby und Max Warburg im Dialog über Hamburgs geistige Zahlungsfähigkeit
Band 18 Julius Carl Ertel. Ein Hamburger Industrieller
Band 19 Stadt – Mann – Universität: Hamburg, Werner von Melle und ein Jahrhundert-Lebenswerk
Band 20 Diamanten, Dynamit und Diplomatie: Die Lipperts. Hamburger Kaufleute in imperialer Zeit
Band 21 Georg Hermann Stoltz. Ein Kaufmann zwischen Hamburg und Brasilien

Impressum

Bibliografische Information der Deutschen Nationalbibliothek
Die Deutsche Nationalbibliothek verzeichnet diese Publikation in der Deutschen Nationalbibliografie; detaillierte bibliografische Daten sind im Internet über https://portal.dnb.de abrufbar.

Online-Ausgabe
Die Online-Ausgabe dieses Werkes ist eine Open-Access-Publikation und ist auf den Verlagswebseiten frei verfügbar. Die Deutsche Nationalbibliothek hat die Online-Ausgabe archiviert. Diese ist dauerhaft auf dem Archivserver der Deutschen Nationalbibliothek (https://portal.dnb.de/) verfügbar.

DOI
https://dx.doi.org/10.15460/hup.268.2085

Printausgabe
ISSN 1864-3248
ISBN 978-3-910391-01-7

Herausgeber: Dr. Ekkehard Nümann
Korrektorat: Renate Gerhardt
Grundgestaltung: Peter Schmidt Group
Layout: Michael Sauer
Schrift: Adobe Garamond (alle Rechte vorbehalten)
Druck und Bindung: Books on Demand GmbH, In de Tarpen 42, 22848 Norderstedt
Verlag: Hamburg University Press, Verlag der Staats- und Universitätsbibliothek Hamburg Carl von Ossietzky, Von-Melle-Park 3, 20146 Hamburg

2., durchgesehene und erweiterte Ausgabe, Hamburg (Deutschland), 2024
https://hup.sub.uni-hamburg.de

Hamburgische Wissenschaftliche Stiftung
Edmund-Siemers-Allee 1, Raum 113
20146 Hamburg
https://h-w-s.org